· 蒙氏教育在身边

塑造孩子思维力的 60个亲子游戏

张婷华　王　宁◎著

哈尔滨出版社
HARBIN PUBLISHING HOUSE

图书在版编目（CIP）数据

塑造孩子思维力的60个亲子游戏 / 张婷华，王宁著.
— 哈尔滨：哈尔滨出版社，2020.1
（蒙氏教育在身边）
ISBN 978-7-5484-4390-2

Ⅰ.①塑…　Ⅱ.①张…②王…　Ⅲ.①智力游戏—儿
童读物　Ⅳ.①G898.2

中国版本图书馆CIP数据核字（2019）第114311号

书　　名：塑造孩子思维力的60个亲子游戏
SUZAO HAIZI SIWEILI DE 60 GE QINZI YOUXI

作　　者：张婷华　王　宁　著
责任编辑：杨湿新　马丽颖
责任审校：李　战
封面设计：上尚装帧设计

出版发行：哈尔滨出版社（Harbin Publishing House）
社　　址：哈尔滨市松北区世坤路738号9号楼　　邮编：150028
经　　销：全国新华书店
印　　刷：哈尔滨市石桥印务有限公司
网　　址：www.hrbcbs.com　　www.mifengniao.com
E－mail：hrbcbs@yeah.net
编辑版权热线：（0451）87900271　87900272
销售热线：（0451）87900202　87900203
邮购热线：4006900345　　（0451）87900256

开　　本：710mm×1000mm　1/16　印张：12.25　字数：93千字
版　　次：2020年1月第1版
印　　次：2020年1月第1次印刷
书　　号：ISBN 978-7-5484-4390-2
定　　价：48.00元

前 言

　　玛利亚·蒙台梭利是意大利第一位女医学博士，是20世纪享誉世界的杰出幼儿教育家。她在实验、观察和研究的基础上，创办了"儿童之家"蒙台梭利学校，她的教育理念影响了一代又一代人。但是，对于大多数父母来说，蒙台梭利教育好像蒙着一层神秘的面纱，理论和训练方法都高深莫测，需要经过严格训练的专门人士来进行。其实，科学的蒙台梭利教育不应仅是幼儿园适用的教育模式，更应伴随儿童生命的开始在家庭中应用起来。家长不必把蒙台梭利教育看得高不可攀，其实，不用读蒙台梭利学校，不用买昂贵的蒙台梭利教具，孩子在家中同样可以接受高质量的蒙台梭利教育。

　　蒙台梭利博士认为：儿童都是渴望游戏的，因为游戏是他们认识世界的途径；成人不应该压制儿童的发展，要重视儿童自我学习、自我发展的需要和能力；强调为儿童创造适当的环境和条件，在日常生活中为儿童提供学习、动手、发展、独立的机会；要求教育活动中的一切活动具有可操作性。那么我们就可以遵循这些教育理念和基本原则，在生活中寻找各种有用的材料，应用到教育活动中。这些材料并不见得需要件件都昂贵和精致，随手可得的小道具，花点心思、用点创意，也能确保安全且玩出不可替代的价值。

蒙台梭利教育法的目的是激发和促进儿童的"内在潜能"，让其自然地成长。蒙台梭利教育法注意把握儿童的敏感期，着重儿童的智慧与品格养成，对儿童进行表达、感知、思维和生活能力等方面的教育。其强调对孩子的秩序感、专注度、独立性和手眼协调能力的培养，为孩子提供他们所需要的活动环境，让孩子感受到绝对的自由和尊重。

蒙台梭利教育法源于蒙台梭利博士对儿童的充分了解和研究，为了让读者更好地了解她的教育观点，帮助家长抓住孩子珍贵的敏感期，我们策划出版了这套《蒙氏教育在身边》系列图书。本套书包括培养儿童思维力、表达力、感知力和生活力的亲子游戏，在尊重蒙台梭利博士教育理念的基础上，对一些理论进行了融合发展，使其更切合中国当下的教育现状，力求在轻松的游戏中，使儿童与生俱来的"内在生命力"产生出积极的、不断发展的无穷力量。

我们希望通过这套书，来指引家长更科学地对待儿童，给予儿童最佳的教育方式，在有趣味的亲子游戏中拉近家庭成员之间的亲密互动关系，让儿童自我教育、自我成长。

思维力阅读指导

数学教育是蒙台梭利教育的核心内容之一。蒙台梭利发现幼儿数学逻辑能力的萌芽期大概在1—3岁的"秩序敏感期"内，在这个时期内幼儿对事物之间的配对、分类与排序表现出浓厚的兴趣，4岁左右开始对图形、数字等表现出强烈的学习愿望，所以在幼儿的数学关键期对幼儿进行适当的针对性教育，提供适合其水平的游戏道具及有教育意义的教育环境，就能加快思维能力的发展。

蒙台梭利博士的教育方法，向人们展示了化抽象为具体、变枯燥为趣味的教育魅力。蒙台梭利思维力教育的直接目的是通过幼儿的生活经验，让孩子熟悉数量知识，累积数学经验，形成初步的数学概念，掌握简单的数学计算。同时，注重培养孩子的逻辑思维，促进幼儿思维力、想象力、理解力和判断力的发展。

《蒙氏教育在身边——塑造孩子思维力的60个亲子游戏》将蒙台梭利儿童教育中的数学教育以生动、有趣的亲子游戏的形式表现出来，分别从时空色彩、相对概念、事物的秩序和数学的奥秘四个方面阐述了蒙台梭利教育的精髓。

关于这本书的使用说明：

1. 本书游戏，家长不必按照先后顺序进行，可以选择你和孩子感兴趣的游戏先进行尝试。选择孩子熟悉的活动、适合的场合，做好准备，让孩子充分参与其中。

2. 本书在写作过程中，没有指出每个游戏的适合年龄，因为我们相信每个孩子都是不同的，具有独特性，相同年龄段的孩子也可能会有不同的表现。父母不必过多关注孩子的表现，多多享受和孩子游戏的快乐。

3. 书中所列准备材料不是不可替换的，家长不必纠结游戏中的道具和环境，要根据实际的情况，灵活使用身边的物品。一个空水瓶、一辆玩具车、一张旧报纸都会是不错的选择。

目 录 | CONTENTS

第一章
时 空 色 彩

在孩子从感觉转移到观念的过
程中，也就是从具体到抽象的过程。

——玛利亚·蒙台梭利

游戏1

求同寻异

GAME 1
CONFORMITY AND
INCONFORMITY

丑小鸭最终也变成
了白天鹅。

请准备 · Prepare

* 一些有明显差异的积木，比如一些大的方形积木与一块小的三角形积木。

做一做 · Do it

1. 将积木摆放在孩子面前，问孩子："这些都是什么？"
2. 接着问问孩子："这些积木都一样吗？"请孩子找出不一样的积木。
3. 请孩子说一说他选择的依据。您可以引导孩子尽可能多地说出它们的不同点（例如形状、大小、颜色等）。
4. 帮助孩子整理他的答案，使孩子了解"相同"和"不同"的概念。
5. 加入其他积木，和孩子一起搭积木玩。在此过程中，您可以请孩子按照您的要求找积木。比如，您可以这样说："妈妈（爸爸）需要红色的积木，你能帮我都找来吗？"

您还可以 · And also

1. 准备一把香蕉和一个苹果，请孩子说说它们之间的相同点和不同点。您可以引导孩子尽可能多地说出它们的相同点和不同点。比如"它们是粮食还是水果""它们的颜色一样吗""它们的形状一样吗""它们都有皮（或核）吗"……

2 准备一辆木质拼装小车模型和一辆金属材质的玩具小车，请孩子尽可能多地说出它们的相同点和不同点。您可以同时教导孩子认识材质这一属性。

3 给孩子讲讲《丑小鸭》的故事，问问孩子："为什么丑小鸭受到了嘲笑？"

4 根据孩子掌握的情况，适当增加难度。比如，在一些一元的硬币中放入一枚一角的硬币。

想对您说 · Words to you

这个游戏的目的是使孩子了解"相同"和"不同"这两种概念，并且能够熟练找出两个事物之间的相同点和不同点。就这个游戏来说，找相同点和不同点是认识事物属性的最简单有效的方法，反过来，掌握事物的属性越多，越能够发现更多的相同点和不同点。二者相辅相成。

这个游戏的道具选择面宽泛，既可以是身边随处可见可得的实物，也可以是儿童绘本、图片等，您可以随时随地利用不同的道具，帮助孩子认识和掌握更多的事物属性，比如颜色、形状、大小、材质、用途、品种等。这不仅有助于孩子寻找发现事物的异同，也有助于他对事物分类的学习和操作。

重要的是，"相同"和"不同"这两种概念结合使用，能让人快速地认识和抓住各种相比较事物的主要特点。不论对孩子还是大人来说，不论在游戏、学习还是工作中，都是非常实用的。

我的玩具我来收

GAME 2
I 'LL PACK UP
MY TOYS

让孩子自己动手收纳玩具，感受空间利用的无限可能和智慧。

请准备 · Prepare

＊空的纸箱或塑料收纳箱。

＊各样孩子的玩具、玩偶、积木等（大小和数量要确保能够装得下准备好的箱子）。

做一做 · Do it

1　将孩子的玩具都摆放在箱子的一边，请孩子想一想箱子能不能装下全部玩具。

2　请孩子自己动手，尝试将所有的玩具装箱。在此过程中，您尽量不要干预孩子的思考和操作，让孩子能够独自完成装箱。

3　如果孩子不能一次将所有玩具装下，请他把箱子清空，再尝试一次。

4　当孩子成功把所有玩具都装好时，您要给予孩子肯定和鼓励："你做得真棒！"同时请孩子谈谈成功的经验，以及下一次可以改进的地方。

您还可以 · And also

1　给孩子提供一些布袋、塑料袋或空的奶粉罐等，看看孩子是否可以有效地利用上这些物品进行收纳整理。

2　陪伴引导孩子整理他自己的衣柜、抽屉等。

3 对于4—5岁的孩子，外出旅行前，请孩子自己尝试准备、整理他的旅行箱，家长从旁辅助。

想对您说 · Words to you

玩具是从小陪伴孩子成长的重要"功臣"，它不仅带给孩子游戏的快乐，也能起到教育和培养孩子的作用。让孩子将自己的玩具装箱收纳，可以帮助孩子认识和接触到空间知识，也可以使孩子了解到不同材质、不同形状的玩具属性和特点，学会合理利用与安排有限的空间。比如有些玩具可以改变形状来减少空间；有些玩具不能改变形状，只能通过有序合理地摆放来节约空间。让孩子通过自己的不断尝试去思考、去调整，积累属于他自己的经验和智慧。

另外，从小培养孩子收拾玩具的习惯，有助于孩子树立做事的条理性、规范性意识以及责任感。家长不要以孩子年龄小或者小事一桩为由，剥夺或取代孩子完成本该他自己完成的事的权利。千万不要小看孩子的发展潜力，只要家长给予合适的机会和条件，以及正确的引导，孩子的成长必定带给您满意而欣慰的回报。

游戏3

拼一拼

GAME 3
PIECE TOGETHER

拼图游戏真有趣，手脑一起动起来。
快来一起拼一拼，拼出完整图案来。

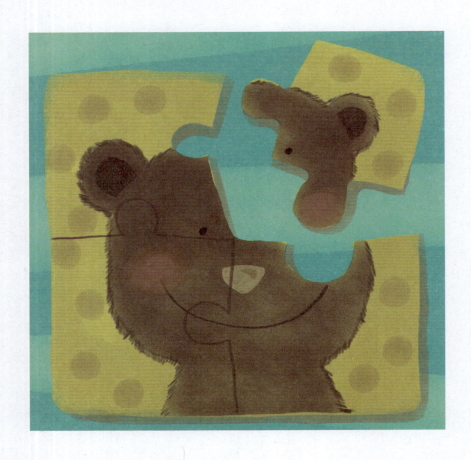

请准备 · Prepare

* 废旧的画册、海报或杂志等。
* 一把剪刀（可以选用儿童安全剪刀）。
* 胶水、一张平整的纸或纸板（备选）。

做一做 · Do it

1　请孩子从废旧的画册中选一张自己喜欢的图案，然后用剪刀剪下来。

2　请孩子仔细观察这张图片，说一说图片上都有什么，以及它们的位置分布情况。

3　请您用剪刀将这张图片剪成4块，然后再向孩子演示如何将它们重新拼在一起。

4　试着拿走其中一块拼图，请孩子留心观察这块拼图的特征以及与其他三块之间的联系，然后将这块拼图摆放回原位。

5　依次拿走其中的两块和三块拼图，请孩子自己想一想该怎么摆拼。

6　将四块拼图完全打乱，请孩子再试着拼一拼。

7　请孩子将拼好的拼图，用胶水一块块地粘贴在纸上，形成完整的复原图案。

您还可以 · And also

1 用孩子自己画的图画做道具，因为孩子对他自己画的图画更加熟悉，利于他分析寻找拼图间的联系。
2 将拼图的块数逐次增加，提高难度。
3 购买木质或塑料材质的儿童拼图，便于孩子反复使用和练习。
4 购买儿童立体拼图，使孩子从平面认识过渡到立体思维。

想对您说 · Words to you

拼图是一种非常有趣的益智游戏，它适用人群广泛、老少咸宜。许多人对拼图游戏都情有独钟、乐此不疲，因为它是一种综合性锻炼极强的游戏。它需要对画面整体拥有一定的把握和认识，对各块拼图有细致入微的观察，对拼图与拼图之间的联系有正确的判断和分析，同时对动手能力也是一种锻炼和提高。简而言之，拼图游戏有助于观察力、逻辑思维力、分析判断力以及肢体协调力的全面发展。

对于三岁左右的孩子来说，您就可以让他开始学习拼图游戏了。您可以将拼图的块数从少到多逐渐增加，同时从易到难逐步提高难度，例如，您可以将拼图的边缘从规整的直线，变成手撕的不规则形状，以此来考查和锻炼孩子的观察和思维能力。对于孩子来说，拼图游戏还能够使他建立整体与部分的概念与意识，认识和了解平面几何图形。

时间沙漏

GAME 4
TIME SAND CLOCK

时间的翅膀不断飞翔，
谁能抓住天马的丝缰？

请准备 · Prepare

　　* 一个 150 毫升的矿泉水瓶子。

　　* 一张 A4 纸。

　　* 沙子。

　　* 别针。

做一做 · Do it

1　和孩子聊一聊时间："宝贝，你吃一顿饭要多长时间？""妈妈每天刷碗的时间长还是煮饭的时间长？"让他明白，时间是可以测量的。

2　拿一张A4纸，将纸卷成圆锥形，一边留一个仅能容沙子缓慢流下的小孔，用大头针固定好这个漏斗，剪去上面多余的部分，使上平面成为一个圆形。

3　将150毫升的矿泉水瓶撕去外包装，使孩子能够清晰地看到矿泉水瓶里的状况。将做好的漏斗插入瓶中。

4　当孩子要做一件事情的时候，比如，他要给玩具小鸭洗澡，那您可以说："你给小鸭洗澡需要多长时间呢？我们一起来测量一下。"

5　当孩子开始给小鸭洗澡时，您将事先准备好的沙子倒入漏斗中，让沙子缓慢流入矿泉水瓶中。

6　当孩子给小鸭洗完澡时，你们一起看看流入瓶中多少沙子。

7　用以上方法测量做各种事情的时间，让孩子知道，做不同事情的时间是不同的。

您还可以 · And also

1 也可以用滴水滴的方法测量时间，将水龙头开到一滴一滴流下的状态，在下面用一个小杯子接水，用这种方法来测量时间。

2 还可以通过观察太阳的方位来测量用时较长事情的时间。早上起来让孩子观察太阳的位置，比如，此时太阳在窗户的最左侧，告诉孩子，当太阳运动到最右侧的时候，妈妈就下班回来了。

3 当孩子渐渐长大时，教孩子认识钟表，告诉他时针、分针、秒针都代表什么意思，怎样计量时间。

想对您说 · Words to you

在孩子幼小的心灵里并没有时间的概念，但是他知道"早饭前""午饭后"这样的概念，此时他还不会用表计时。这个游戏是教孩子认识时间，知道时间是可以计量的，为他认识钟表、会用钟表计时打下基础。

最初教孩子认识时间，要用他熟悉的时间段来定义他不熟悉的时间段。比如，你们要开车去近郊游玩，告诉孩子，爸爸开车的时间大概够你看完两本《弗罗洛的故事》。

在这之后，教孩子认识钟表。此时钟表上的数字就不仅仅有数字意义了，同时具备了时间意义，让孩子逐渐学会用钟表计时。

游戏5

大自然拼画

**GAME 5
NATURE COLLAGE**

自然界有无数可以用来拼画的物品，它们有天然的形状，有无数的色彩，是孩子们拼画的最好素材。在活动中让孩子认识不同物品的形状。

请准备 · Prepare

*拥有自然景物的地方，周围有大树、落叶、嫩枝、松塔、种子等。
*两副手套，一大一小。

做一做 · Do it

1 带孩子来到拥有自然景物的地方，在这里找一处空地，作为收集物品和拼画的场地。

2 带上手套，以免划伤手指，和孩子一起到周围收集用来拼画的物品。

3 让孩子一边收集物品，一边想想这些物品可以拼出什么画面。

4 把捡到的所有物品收集到空地上，开始进行拼画。

5 您在一旁提示这些物品的不同形状，比如椭圆的树叶、直线的树枝、三角形的松塔、Y字形的树权等等。

6 辅助孩子拼成一幅完整的图画，然后用相机留下孩子和拼画的合影。

您还可以 · And also

1 和孩子一起进行拼画，给他一些启发。

2 当孩子告诉您他想拼成一幅什么样的图画时，您可以提示他，这幅图画都需要什么图形，这些图形可以对应到自然界的什么物品上。如果之前没有收集，可以再次去收集。

3 可以把收集到的平面物品带回家，带着孩子在纸板上做粘贴画。

想对您说 · Words to you

这个游戏还能够培养孩子的抽象思维能力，让孩子把自然界具象的物品抽象成图形，并知道不同图画需要什么样的图形来组成。

孩子拥有无限的创造力，自然界的物品更能激发他们的创造力。这个活动最适合在秋天进行，秋天的色彩最为丰富，自然之物在秋季成熟、风干，也利于取用作画，做成的粘贴画易于保存。

在进行活动的过程中，您可以提示孩子留心四季的变化，以及动植物在不同季节中不同的形态，来欣赏大自然的馈赠。

注意，在拼画的过程中，您只是帮助者，提示孩子可以做什么，有哪些选择，但是千万不要代劳，以培养孩子的动手能力。

伦敦桥倒下来

GAME 6
LONDON BRIDGE IS
FALLING DOWN

伦敦桥倒下来，
倒下来，倒下来。
伦敦桥倒下来，
我美丽的淑女。

请准备 · Prepare

*带拱形和立柱的积木 5—10 块，形状、大小不一，可拼搭成桥。

*在电脑上下载儿歌《London Bridge is falling down》。

做一做 · Do it

1　选择房间中的一处空地，和孩子一起把积木堆放到这处空地上。

2　和孩子一起围着积木坐下来，并用电脑播放《London Bridge is falling down》。

3　告诉孩子，你们要一起搭伦敦桥，首先您来示范。先选出成对的立柱，作为桥墩，分开放置在你们面前；桥左右可以用小积木作为引桥，桥墩也可用积木加高；最后将拱形积木放在积木的最顶端。注意，示范搭积木的过程动作要慢，您一边选择积木，一边告诉孩子这块积木是什么形状，和其他积木有什么不同。

4　告诉孩子："你要让伦敦桥倒下来，然后才可以重建。"

5　然后让孩子从桥的最顶端开始，一块一块地把桥拆掉。

6　让孩子自己选择积木，重搭"伦敦桥"。他选错积木的时候，您在一旁引导，告诉他怎样选择积木才会使桥稳固。

您还可以 · And also

1 先用三块积木搭一座小桥，然后逐渐增加难度，搭一座大桥。

2 引导孩子识别积木，把同样的积木归为一类。

3 用这些积木来搭一座房子。

4 边搭积木，边唱儿歌。

想对您说 · Words to you

这个游戏能够帮助孩子来认识不同的形状，让孩子知道一座桥在三维空间中的形状，初步掌握对称规律。孩子最开始不会搭或搭错也没关系，假以时日，他会慢慢认识到如何才能使桥稳固，不会轻易倒塌。

能够用积木搭成一座桥，对孩子来说是非常具有挑战性的工作，需要您一直在旁引导和鼓励。当他搭成一座稳固的桥时，您可以这样说："宝贝这么多次反复搭桥，终于搭成了，通过努力可以实现愿望，宝贝你真棒！"鼓励内容要具体。

儿歌朗朗上口，边搭积木边唱儿歌，孩子很快就可以记住儿歌，更有热情参与。

游戏7

手指画

GAME 7
FINGER PAINTING

每个孩子都是艺术家，我用一生的
时间学习像孩子那样画画！

——毕加索

请准备 · Prepare

* 大开图画纸。
* 无毒可水洗颜料。
* 调色盘。

做一做 · Do it

1　将颜料倒入调色盘中，给孩子演示如何调出各种各样的颜色。

2　将大开纸平铺在地上，孩子可以在地上随意作画。

3　给孩子做示范，用手指肚蘸颜料，在纸上按出形状；再用手掌蘸上颜料，在纸上按出形状；还可以让孩子用小脚丫在纸上按出形状。

4　用手指蘸颜料，在纸上画出您想要的东西，让孩子也跟着学。

5　让孩子在纸上随意发挥，画出他自己的画作。

您还可以 · And also

1　和孩子聊聊他用手指、手掌、脚丫按出的形状有什么不同，问问他知不知道是为什么。

2　也可以在网上搜集儿童手指画教程，您先来学习各种动物的画法，然后再来教孩子画。

想对您说 · Words to you

这个游戏的目的是让孩子来认识不同的图形和色彩。用身体的不同部位蘸取颜料印在纸上，形状是不同的，艺术家作画时正是描绘出不同的形状。和其他绘画方式相比，手指画几乎不需要任何技法学习即可进行创作。手指画让孩子直接用手指和色彩表现对客观世界的印象，这是其他任何一种画法都无法比拟和替代的。

儿童时代，每个人都有对图形、色彩的敏锐感觉，如果能得到相当强度和频率的刺激，这种敏感性会一直保持到成年。反之，这种敏感性就会慢慢消退，以至失去。

幼儿由于生理体征发育还没有完成，肌肉的发育还处于不平衡阶段，手的动作还比较笨拙。适当的手部锻炼，更能使孩子掌握手部的各种动作，从而有效地开发孩子的手部灵活性。

东南西北

GAME 8
EAST,SORTH,WEST,
AND NORTH

早上起来面向太阳，前面是东，后面是西，左面是北，右面是南，东南西北认清方向。

请准备 · Prepare

* A4 纸若干。

做一做 · Do it

1 和孩子一人拿一张A4纸，您来叠"东南西北"，让孩子跟着您一起做。

2 沿A4纸的一个角，将短边与长边重叠，得到一个重叠的三角形和一个长方形。

3 将长方形撕下，展开剩下的部分，就是一张正方形纸。

4 将纸对折，对折后再对折，然后将纸展开，纸上就会出现一个十字压纹。

5 将纸的四个角向十字压纹的中心对折。

6 将新产生的正方形翻过来，再将四个角向中心对折。

7 此时得到的正方形，有十字有八条折缝，将八条折缝沿中心向里捏，再将外侧的纸撑起，就得到了一个"东南西北"。

您还可以 · And also

1 先带孩子了解前后左右的概念，当孩子逐渐长大时，带他学《东南西北歌》，来认识东南西北。

2 用"东南西北"来捏小东西，象小蜜蜂、小葡萄等等。

3 和孩子一起看折纸书，看看怎样折各种有趣的物品，让孩子跟着一起学。

想对您说 · Words to you

在折纸过程中，孩子会看到各种图形的变化，如展开两个重叠的三角形是正方形，一个长方形是由两个三角形和另一个长方形组成的等等，这是平面内的图形变化。而每一种折纸，又都是一种物品的空间造型。孩子在折纸时，想要完成某个图形，就必须动脑思考，然后反复实践，使自己所折的图形符合实际物体的形象。这是孩子认识几何图形和空间造型的一种很好的方式。

在孩子学折纸的初期，家长可以教孩子一些简单的折叠方法，如，对边折、对角折、集中角折、四角向中心角折等。等孩子渐渐掌握这些方法时，和孩子一起看折纸书，让孩子边看图边学习折纸。

折纸可以在一定程度上锻炼孩子的意志，培养孩子持之以恒的品质。因为折纸是一项细致的工作，需要按顺序进行，否则就会失败。在各种各样的折纸实践中，孩子会形成一丝不苟、不慌不忙、坚持到底的品质。

游戏9

缝针线包

GAME 9
NEEDLE BAG

小小针线包，革命传家宝，当年红军爬雪山，用它缝棉袄。

请准备·Prepare

* 棉布或麻布。
* 针。
* 各色粗细线。
* 剪刀。
* 扣子。
* 粉笔。
* 记号笔。
* 报纸。
* 小装饰物。

做一做·Do it

1 先用一块碎布教孩子缝平针。平针的针法是，由布表面入针，往前约0.5厘米处出针，如此向前行进。

2 和孩子讨论针线包的形状和尺寸，和他一起先在报纸上画图样，直到图样令人满意为止。

3 拿来棉布，把图样放在棉布上，用粉笔在棉布上描画图样轮廓。

4 帮助孩子沿着画好的轮廓，把棉布剪好。

5 将针线包一面用平针沿边缘缝好。

6 在针线包未缝的一面钉好一个扣子。这样一个简单的针线包就缝好了。

7 在针线包里放上针、线、纽扣等物品，盖上盖子。

您还可以·And also

1 对针线包进行装饰，比如给针线包的盖子锁边，在针线包表面装饰上小胸针等。

2 用缝针线包的方法缝其他物品，比如一个枕头、娃娃的一件小衣服等等。

想对您说·Words to you

手工缝制的过程可以让孩子学到很多东西。描画图样时，孩子需要考虑缝制物品的大小，展开形状、样式，还要考虑到所缝东西的实际功能。这些都需要在画图样时就考虑清楚，这也是所有一切设计的基础。

然后把图样付诸具体实施，此时锻炼孩子的动手执行能力，如何描画，如何剪裁，缝制时如何选择线的长度，如何缝得匀称，这些过程让孩子有充分的动手练习的机会。

整个过程，教孩子知道如何把想象中的物品做成实物，告诉孩子，高楼大厦、飞机轮船都是如此做成的。孩子能够进一步理解操作和估算的概念。

游戏10

有趣的七巧板

GAME 10
INTERESTING
TANGRAM

七块木板排排队，图
形、蜡烛、小兔子，一
样一样摆出来。

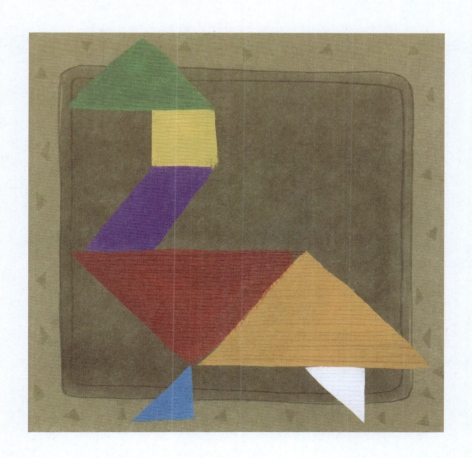

请准备 · Prepare

* 两套大小颜色相同的七巧板。

* 白卡纸。

* 儿童画笔。

* 剪刀。

做一做 · Do it

1 聊一聊七巧板的数量、颜色和形状，放在手中比较一下每块木板的大小。

2 妈妈将七块木板从左向右摆成一排，一边摆一边叫出图形名称。如三角形、正方形、平行四边形等。让孩子也模仿妈妈的动作边摆边说出图形的名称。

3 改变摆放次序，重复几次上面的活动。

4 把两个三角形对接，摆出大的三角形，一边摆一边说："我把红色的三角形摆在绿色的三角形右边。"引导孩子跟随操作。

5 按照一边摆一边描述的方法，逐渐变换所摆图形并增加木板数量，直至可以摆出蜡烛、兔子等形象。

6 用画笔将所摆的图形和形象勾绘在白卡纸上。

您还可以 · And also

1. 将勾绘在白卡纸上的图形，按照七巧板的形状剪下来，拆分成七片卡纸版的七巧板。

2. 和孩子进行颠倒游戏，如，孩子摆正的梯形，您就摆一个倒着的梯形；孩子在左边放红色图形，您就在右边放红色图形，然后和孩子互换任务。

3. 让孩子发挥想象力尽量创造更多新的图形。

想对您说 · Words to you

"七巧板"是我国古代的发明，具有悠久的历史，自十八世纪传播到国外，便被许多外国爱好者推崇，他们称之为"唐图"，就是"来自中国的拼图"的意思。"七巧板"的好处和用处多不胜数，在这个"七巧板"游戏中，孩子的空间、图形、视觉记忆和逻辑思维能力都得到了训练。

选购七巧板时尽量选购木贡七巧板，而不是较尖锐的塑料材质。

在摆放图形时，要注意动作不能太快，摆放过后要有适当的停顿，语言要简练，方便重复，如："把正方形摆在左下角。"

注意由简单到复杂的游戏节奏，游戏过程中不要考问孩子，让整个过程成为一场轻松愉快的游戏。

引导孩子把图形和生活中的实物进行对照，并找到生活中其他常见的形状。

游戏11

印出许多图形来

GAME 11
TO PRINT OUT A LOT
OF PATTERNING

变身超级复印机，蜗牛、小蛇、棒棒糖，全都穿上斑点衣。

请准备 · Prepare

　　* 几张大一点儿的绘画纸，可以是彩色的。
　　* 一些彩笔。
　　* 几块印泥（最好是不同颜色的）。
　　* 一些规则和不规则的瓶盖、橡皮、印章。

做一做 · Do it

1 和孩子一起绘画并展示您的作品，聊一聊您都画了什么：椭圆形的是鱼缸、长长的是小蛇、圆形的是棒棒糖。

2 让孩子自由地用准备好的瓶盖、橡皮和印章在中空的图形中拓印。装满鱼缸、为小蛇穿斑点衣、装饰棒棒糖。让孩子观察所拓印出来的图形，哪些是规则的图形，哪些是不规则的图形。聊一聊他所认识的规则图形有哪些。

3 重新画一幅有"鱼缸""小蛇"和"棒棒糖"的图画，让孩子用不规则的物品拓印鱼缸（可以说："鱼缸里游着各种不同的小鱼。"），用规则的物品拓印小蛇。再尝试用规则线条给棒棒糖画上装饰。

您还可以 · And also

1　用规则线条画一张网，和孩子一起用橡皮制作各种规则和不规则的"小鱼"印章，并在网上面拓印上不同的图案。

2　寻找生活中的规则图案，并尝试用线条表现出来。

3　剪窗花。在折好的纸上剪出各种规则和不规则的图形来。

4　画一个规则的棋盘，和孩子在棋盘上下棋。

想对您说 · Words to you

比较年幼的孩子对规则与不规则的图形是没有概念的，拓印的方法可以比较直观地将生活中的事物变成平面的图形，这对孩子理解并绘制规则图形会有很大的帮助。

不用太着急，更不要习惯性地纠正孩子，有时孩子虽然理解了图形的规则，可是把它画出来还是存在难度的。鼓励孩子让他更愿意尝试，才是积极的教导方式。

游戏12
多少有变化吗

GAME 12
HOW MUCH HAS CHANGED?

一定量的水结成冰，
是不是就变多了？

请准备 · Prepare

* 一块新的橡皮泥（或者一个面团）。

* 分装橡皮泥的塑料盒或其他容器。

做一做 · Do it

1 请孩子对这块橡皮泥稍做观察，对这块橡皮泥的原始状态留有印象。然后您可以这样说:"接下来就是见证奇迹的时候了。"

2 您可以把橡皮泥捏成各种形状，比如圆球形、长条形、薄片等。

3 请孩子想一想现在这种形状的橡皮泥跟最开始比是"变多了，变少了，还是没有变化"，并请他说出他的想法来。

4 将这块橡皮泥恢复原状，再请孩子说一说。帮助孩子理解橡皮泥实际上并没有变化。

5 继续多做几次橡皮泥的造型变化（您也可以让孩子自己来做），让孩子分别再来说一说橡皮泥有没有变化，并通过复原橡皮泥来帮助孩子巩固加深"橡皮泥并没有变化"这个认识。

您还可以 · And also

1 待孩子对一块橡皮泥（或者面团）无论怎么改变形状，都能说出"不变"后，寻找合适的机会，引入一块同样分量的橡皮泥（或者面团）。请孩子将两块橡皮泥分别塑形，然后请他比较一下分量的大小，最后将这两块橡皮泥还原或者分别压实在容器中，再请孩子自己判断。您需要做的是引导孩子去发现和认识"这两块橡皮泥无论怎样变化都是一样的"。

2　通过实验，您再请孩子说一说一杯水结成冰后，体积有没有变化？

3　将一个橙子切成几瓣，问问孩子"橙子变多了吗"。然后再把这几瓣橙子合起来，请孩子说一说。

4　用不变的几块积木搭造不同形状，帮助孩子认识到这几块积木的数量和大小都没有变化。

5　在家中或者大自然中，带领孩子从不同的角度观察同一事物，最后再回到正面，帮助孩子了解，虽然观察的角度和位置不同，但是事物本身是不变的。

想对您说 · Words to you

人类的大脑十分依赖和信任视觉的反馈，但有时眼睛看到的并不一定是真的，会对大脑的判断造成迷惑。对于小孩子来说，这种情况更甚，也更需要科学的认知和理性的思考。

在这个游戏中，孩子一开始会因为橡皮泥形状的变化，而"理所应当"地认为它变大了或是变小了。但是通过还原橡皮泥，他会发现橡皮泥还是原来的那块橡皮泥，并没有增加或减少。

通过这个游戏，孩子接触和学习到了质量守恒的概念，发展和提高了孩子的理性思维能力和科学判断力。

游戏13

找到啦

GAME 13
I FOUND IT

那些东西都藏在哪里？小朋友
一起来找一找。这个游戏适合
多个孩子一起玩。

请准备 · Prepare

* 自然环境，周围有大树、花草、小石头等。

做一做 · Do it

1. 带孩子们到户外的一处景物丰富的地方，观察周围景物，确定让孩子们寻找的东西，比如一段三叉的树枝、一颗圆形的石子、一片心形的树叶等等。

2. 和孩子们确定进行游戏的场地范围，要在你视线所及的地方。

3. 告诉孩子们他们要寻找的东西，注意强调图形和物品，比如第一次您让他们找到一片心形的树叶。

4. 让孩子们开始寻找，找到一片心形的树叶的时候，孩子要大声说"找到啦"，让其他伙伴听到。

5. 孩子们找到东西回来时，让他们把自己找到的东西放在一起。

6. 当全部人都回来时，你们一起来看一看每个人找到的东西是不是您之前告诉他们寻找的东西。

7. 找完一样东西，可以进行下一项东西的寻找。

您还可以 · And also

1 随着孩子年龄的增大，您可以增加游戏的难度，如把原来限制物品和形状，变成限制物品、形状和数量，如找到三颗椭圆的石子。

2 还可以在一件事物上增加难度，如原来游戏时让孩子找到两朵黄色的小花。当孩子年龄增大，对大自然越来越熟悉时，可以让孩子们寻找两朵有六个花瓣的黄色小花。

想对您说 · Words to you

这个游戏可让孩子们认知图形、色彩、数量等等，在实际环境中让孩子锻炼判断能力，这和"大自然拼画"所训练的能力刚好相反，"大自然拼画"训练孩子把具象的物体抽象成图形，这个游戏的延展训练使孩子按照图形寻找具象的物体。

在户外游戏中保证孩子的安全非常必要，这需要您平时就训练孩子有规则意识，这种训练要事先讲好规则，然后定出惩罚措施，违反时坚决执行之前讲好的惩罚措施。注意惩罚措施为孩子能够承受得了的，不过轻或过重。

在这项游戏中您可以这样说："有大树的地方是今天咱们一起玩的地方，大家不要跑到大树以外的地方去，我会在一旁观察。如果你找东西是跑到了没有大树的地方，那么你将不能参加下一轮游戏。"

游戏过程中，要给每个孩子寻找的自由，又要保证他们的安全。

第二章
"相对" 概念

对差异的感知是每一项智力运动的开始，头脑发展的第一步是对"差异"的鉴别。

——玛利亚·蒙台梭利

游戏1

大小套娃

GAME 1
SIZE SET

一个大娃娃，里面藏有许
多小娃娃。

请准备 · Prepare

* 套娃一套或套杯一套。

做一做 · Do it

1　从套娃中取出3个大小差异明显的娃娃，打乱顺序摆放在孩子面前。

2　请孩子比一比这3个娃娃的大小，并且按照从大到小的顺序给娃娃排队。同时您可以在一旁给予孩子提示和引导。您可以引导孩子先找出3个娃娃中最大的那一个，请他拿起来放在另外两个娃娃的前面；然后引导孩子找出剩下两个娃娃中较大的那一个，请他拿起来再与前面的娃娃比一比大小，放在第一个选出的娃娃的后面；最后剩下的娃娃与前两个娃娃一一比较大小后，放在娃娃队列的最后面。

3　请孩子按照排列好的顺序将娃娃套在一起。

您还可以 · And also

1　在孩子给娃娃排顺序的时侯，不给予任何一点提示和引导，只是看着孩子按照他的认识和理解云做，排好队后请孩子按照他排的顺序把娃娃套在一起。这时若是之前排队错误，娃娃自然不能成功套在一起。让孩子想办法解决问题，直到成功把3个娃娃套起来。孩子成功后，您要给予表扬和鼓励，并问问孩子成功的"秘诀"，帮助孩子重新梳理一下套娃的大小顺序。

2 在孩子熟练掌握排列顺序后，将娃娃的个数逐次逐个增加。

3 请孩子给不同规格的纸盒排大小，然后按照从大到小的顺序，从下往上摞在一起。

4 请孩子给球类排大小。您可以准备兵乓球、网球、排球、足球、篮球等任意3种球类，请孩子按照从大到小的顺序排列，并且您可以让孩子通过摸一摸或抱一抱的亲身体验去实际感受大小的差别。同样，在孩子熟悉掌握排列顺序后，您可以逐次逐个增加球的种类。

想对您说 · Words to you

这个游戏的目的在于帮助孩子认识物体的大小，同时学会比较大小，从而开发孩子的思维能力和观察能力，建立基础的顺序意识。

在这个游戏中，因为套娃本身的特点，对于孩子认识大小会起到很大的帮助作用，而且也会引起孩子的兴趣和关注。孩子在给套娃排序和套在一起的过程中，也提升了动手能力以及综合协调能力。

通过比较大小、排列顺序这样一个过程，孩子学会逐步分清条理，建立和提升逻辑思维能力。这样孩子在日常的生活和学习中，能够将事情处理得有条有理、井然有序，避免混乱和麻烦。若是您的孩子在这方面有所欠缺，您不妨让孩子从比较大小、排列顺序开始，有针对性地训练和培养孩子。孩子年龄越小越容易改变。慢慢地，您会发现孩子身上出现了令人欣慰的变化。

谁的左边　谁的右边

GAME 2
WHOSE LEFT? WHOSE RIGHT?

"跟着我左手右手一个慢动作,右手左手慢动作重播。"

请准备 · Prepare

* 两位家长（下文会以爸爸和妈妈为例）。

* 一定的活动空间。

做一做 · Do it

1 两位家长并排站立，（比如爸爸站在左边，妈妈站在右边），两人之间以及左右两边各留有一个人的位置。

2 请孩子和两位家长面对面站立。

3 请孩子根据一位家长的口令，找到自己的位置。比如由爸爸发出指令，可以这样说："请到爸爸的左边来。"

4 若是请孩子站到父母的中间，可以有两种方法：第一种是分两次发出指令，分别请孩子站到爸爸的右边和妈妈的左边，使孩子认识到这两种说法不一样但是位置却相同；第二种是直接请孩子站到父母的中间，并请他来说一说中间分别是爸爸和妈妈的哪一边？

5 孩子站对位置后，可以由他来发出指令，请父母分别来站位。如此轮流交换发令人的身份进行游戏。

您还可以 · And also

1 家长不发出口令，由孩子自己来选择左右站位，然后请他说一说他站在谁的左边或者谁的右边。

2 准备孩子的玩偶或者玩具3—5个，取出其中的一个，将其余的排成一排或者围成一圈（注意两两之间需留有间隔），然后根据情况，选择用发出指令或不发指令的两种游戏方法来进行游戏。

3 带领孩子在室内或者室外进行观察，请孩子说一说物体在谁的左边或右边。

想对您说 · Words to you

这个游戏是适合全家人一起参与的亲子游戏，在游戏的过程中，既帮助孩子加深了"左和右"的空间位置观念，也锻炼和发展了孩子的思维反应能力。同时，这个游戏也起到了增进家人感情的调剂作用。

另一方面，这个游戏也教导孩子认知了事物的相对性和选择参照物的重要性。比如中间既是爸爸的右边也是妈妈的左边；爸爸右边同时也是妈妈的右边。认识

这一点，对于孩子日后的数学学习将会产生重要的影响，因为数学中有许多知识和概念都会运用到相对性的条件，参照物的选择标准不同更是会对结果产生直接的影响和作用。简单举一个例子，比如，对于3来说，5是大数；而对于7来说，5就是小数。在日常的生活中，您可以有针对性地在这一方面指导和训练孩子，这对孩子的思维拓展也是一种帮助。

游戏3

里面和外面

GAME 3
INSIDE AND
OUTSIDE

人住在房门里，电梯在房门外；人出了房门外，进入电梯里；人出了电梯外，电梯仍在楼房里。我们每天就这样里里外外、进进出出，穿梭在不同的空间中。

请准备 · Prepare

* 两个动物玩偶或玩偶娃娃、玩具等孩子喜爱的物品。

* 一个纸盒和一个塑料筐。

做一做 · Do it

1　将两个动物玩偶（比如小猫和小狗玩偶）放入纸盒的里面，合上盖子。

2　把纸盒拿到孩子的面前，请孩子猜一猜盒子里装的什么礼物？

3　成功引起孩子的好奇心和探索欲后，请孩子打开盒盖，向盒子里面看一看。

4　请孩子说一说盒子里面有什么。引导孩子用"……在盒子里面"这样的句式来说。比如："小猫和小狗在盒子里面。"

5　将这两个玩偶拿到盒子外面，问问孩子："现在它们在哪里？"并请孩子来回答。

6　将其中一个玩偶再放回盒子里面，问问孩子："现在小猫在哪里？小狗又在哪里？"引导孩子做出回答。

7　请孩子根据你的指令，把玩偶摆放到正确的位置。比如您可以说："请把小猫放到塑料筐里面。"

您还可以 · And also

1　利用同样的道具，帮助孩子认识"上和下""前和后"这样的空间位置概念。

2　带领孩子在实际生活环境中和大自然当中去辨识"里和外"这样的概念和相对性。比如"卧室里和卧室外""沙坑里和沙坑外""电梯在房门外，同时电梯又在楼房里"等。

3　在地上画一个圈，请孩子根据你的指令跳入圈里和圈外或者将物品摆放在圈里和圈外。以此来帮助孩子对里外的空间认识逐渐从立体转向平面，拓展思维能力。

想对您说 · Words to you

我们生活在空间当中，所以空间认识和思维也是一种必要的生存技能。作为家长，您可能会发现，孩子从婴幼儿时期开始，就会通过视觉、触觉和运动等官能方式去感知周围的空间关系。随着孩子的成长，帮助孩子学习空间方位知识，训练孩子的空间思维能力，就是您需要提上日程、至关重要的任务和责任。

这个游戏使孩子认识"里和外"的空间位置概念和相对关系。当然，空间概念还包括"前和后""上和下""左和右"等，您可以举一反三推展开来。空间位置概念和相对性的认知学习有助于孩子右脑的开发，提高孩子的思维能力以及对逻辑相对关系的理解和辨析，这些都会对孩子的生活和学习产生不小的影响。

游戏4

你是我的小眼睛

GAME 4
YOU'RE MY LITTLE EYE

前行，右转，蹲下去，往
前摸，你做我的小眼睛，
什么都能被找到。

请准备 · Prepare

* 一块蒙眼用的丝巾或者一个助眠眼罩。

* 几把椅子或是其他障碍物。

* 一个毛绒玩具。

做一做 · Do it

1　和孩子唱一首歌或者做一个游戏，练习上边拍手、下边拍手、左边拍手、右边拍手、向前拍手、向后拍手，比如：如果感到幸福你就，上拍拍；如果感到幸福你就，下拍拍。

2　将一个毛绒玩具放置在房间的一侧，在玩具前设置一些障碍，请孩子来指挥你找到玩具。

3　改变障碍物的位置，重复游戏。

4　当孩子不再搞错方位之后和孩子互换，由大人指挥孩子穿越障碍。

5　再次增加游戏难度，蒙上孩子的眼睛，穿越障碍，并把要寻找的玩具放在其他玩具中。

您还可以 · And also

1 把目标玩具吊起来。

2 给出间接指令，比如"请向着左边相反的方向走两步"。

3 进行找宝游戏，把一些糖果藏起来，然后让孩子通过指令去寻找，
比如"糖果在我右边的衣袋里""糖果在图画书的下面"等。

想对您说 · Words to you

相同年龄的孩子对空间的认知程度也存在一些差异，孩子的空间认知都是先从自己的角度开始的，他们总是先明白自己的上边，自己的后边，自己的左边，因此在和孩子做空间游戏时，如果是面对孩子，请尽量让动作跟随孩子的方向。

孩子对空间的认知其实充满了他的日常生活，比如：穿鞋子，把衣服的袖子翻到正面，从滑梯上滑下来。所以，跟随孩子的生活，随时都是训练孩子空间概念的课堂。

孩子会在刚开始游戏时，经常混淆左和右，也会在第二天的游戏中忘记已经掌握的空间概念，这都是正常的现象，这个时候需要您有点耐心，陪他再来一次。

游戏5

比较长短

GAME 5
COMPARE LENGTH

原来，最短的彩色铅笔是我最爱的、用得最多的一支啊！

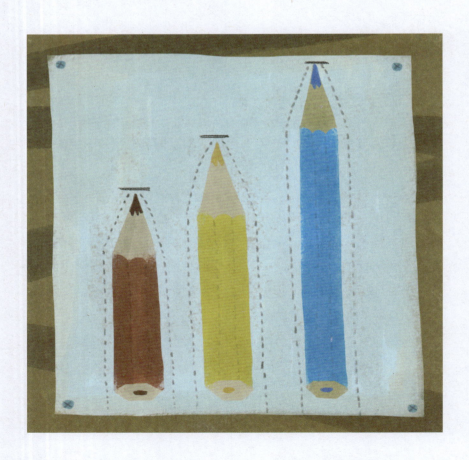

请准备 · Prepare

*3 支长短不同的彩色铅笔（或蜡笔）。

* 一张美术纸。

* 一支黑色铅笔。

做一做 · Do it

1 将准备好的3支彩色铅笔拿到孩子面前，请孩子说一说它们分别是什么颜色的。

2 将这3支彩色铅笔，笔尖对齐，以随意的顺序排成一排。

3 问一问孩子："这3支彩色铅笔是不是一样长？"

4 请孩子比一比这3支彩色铅笔的长短，并且按照从长到短的顺序依次排列。

5 建议孩子在纸上按照顺序画出这3支彩色铅笔的长短。您可以指点孩子将彩色铅笔的笔端与纸的底部对齐，然后用黑色铅笔勾勒出彩色铅笔的形状。这样从纸张的左边开始，向右依次按照长短顺序画出3支彩色铅笔的形状。最后用这3支彩色铅笔分别为它们对应的形状填色。这样就完成了一幅彩色铅笔的长短示意图。

您还可以 · And also

1 增加彩色铅笔的数量，再请孩子比一比它们的长短，按照顺序排一排。

55

2　请孩子将爸爸工具箱中的螺丝刀按照长短顺序排一排，比一比妈妈的围巾的长短。

3　请孩子给他自己的手指比一比长短，并且排排序，然后再跟大人的手比一比。

4　请孩子观察父母的鞋子和他自己的鞋子，按照长短顺序排一排，或者在纸上画一画。

想对您说 · Words to you

这个游戏的目的显而易见，就是帮助孩子学会比较事物的长短，并且能够按照从长到短或者从短到长的顺序排列，培养和锻炼孩子的逻辑思维能力，做到规范、有序。

在游戏进行到第二步操作时，会在一定程度上对一些孩子造成迷惑，有的孩子会以为笔尖对齐的彩色铅笔长度是一样的，其实不然，这就锻炼了孩子的逆向思维。您需要引导孩子学会比较长短的方法，或者请孩子自己来想一想，说一说比较长短的方法。

此外，让孩子运用绘画的方式来展现长短、高矮顺序，一方面是帮助孩子巩固长短、高矮的知识，建立逻辑顺序的概念；另一方面，孩子在通过绘画来表达时，需要将眼前的人与事物进行大脑的转换输出，也就是将三维立体物转化成二维平面图像，这会有助于孩子的思维力和想象力的发展，也提高了孩子的观察力，同时使孩子初步了解示意图的作用。

游戏6

拎拎谁更重

GAME 6
WHICH IS HEAVIER
TO CARRY?

小娃娃，拎包包，娃娃拎拎小包
包，看看哪个包包重；什么东西
比较重，娃娃快来瞧一瞧。

请准备 · Prepare

* 两块大手绢。

* 能被手绢包住的各样物品，如溜溜、乒乓球、葡萄、石头、土豆、小剪刀、钢笔（无伤害性的物品，保证孩子安全）等等。

做一做 · Do it

1　把准备好的物品放在一个平面上，孩子可以随意拿取，掂量轻重，这是让孩子理解轻和重的概念。你在一旁引导："葡萄和石头哪一个比较重？""重是什么感觉？"

2　让孩子转过身，你选取两样大小基本相同，但重量不同的物品分别放入两块手绢中，然后将手绢的对角系起来。比如：一个放入石头，一个放入乒乓球。

3　让孩子转过身，拎起两个小包包，一只手一个，掂量一下哪边轻，哪边重。

4　让孩子通过小包的外表和重量，猜一猜小包里分别是什么。

5　打开小包，看看孩子猜得对不对，你不要评判对错，而让他自己观察。

您还可以 · And also

1 让孩子来放物品，然后你来猜，一边猜，一边描述你猜的过程，比如，"啊，这东西有土豆那么大，但是它没有土豆那么沉"。

2 在小包中放入重量差不多的东西，再让孩子掂量掂量，教他学会比较轻重，知道什么是比较轻，什么是比较重。

3 把小包撤去，让孩子徒手掂量一遍所有东西，然后把物品排排序，从轻到重。

4 把三个乒乓球放入一个包里，在另一个包里放入一块和三个乒乓球重量差不多的石头，让孩子比较重量。

想对您说 · Words to you

这个游戏的目的是让孩子认识轻重，通过观察、触摸、掂量，来理解哪一个轻，哪一个重。这样做可以让孩子把经验转化成概念。把东西用手绢包起来，可以使孩子在忽略物品外观的情况下比较轻重，体会更直接。

通过"您还可以"4，孩子对重量有了进一步认识，知道三个乒乓球的重量和一块石头一样，从而使他对重量单位有了初步认识。

游戏7

大和小

GAME 7
BIG AND SMALL

大大的犀牛小眼睛，
小小的蜻蜓大眼睛。

请准备 · Prepare

*一个大杯子和一个小杯子。

*一片大叶子和一片小叶子。

*一个大花瓶和一个小花瓶。

*一本大书和一本小书。

做一做 · Do it

1. 先带孩子来了解大和小的概念，您可以问孩子："宝贝，咱们俩谁是大人，谁是小孩？"孩子在生活中会对这一问题早有了解，能够比较顺利地回答出来。

2. 将一个大杯子和一个小杯子摆在桌上，让孩子来指哪个大，哪个小。当孩子不知如何回答时．您可以启发他说："大杯子可以装下小杯子，哪个杯子大？"

3. 然后再将下一组成对的东西摆在桌上，让他指哪个大哪个小。

4. 当孩子能够准确指认您准备的物品哪个大、哪个小的时候，带孩子观察生活中具体事物的大小。比如，在小区里遇到两条狗，问问孩子，哪条是大狗，哪条是小狗。

您还可以 · And also

1　让孩子在他的图画本上画出一大一小的一组物体，进一步体会什么是大，什么是小。

2　在比较完同样一种事物的大小后，让孩子来比较不同事物的大小。比如，拿来一个抱枕和一只玩具小熊，让孩子比较它们的大小。

3　拿一组不同大小的东西，让孩子来排一排，并说出谁比谁大，谁比谁小。

4　比较不同事物的大小后，让孩子在同一事物中发现大和小，就如儿歌中所唱的"大大的犀牛小眼睛，小小的蜻蜓大眼睛"。

想对您说 · Words to you

大和小是一组相对概念，是孩子生活中最先开始了解的相对概念。这个游戏给孩子创造了了解各种东西大小的机会，也让他们学会观察这一相对概念之间如何比较。

用游戏的方式，先让孩子从熟悉的事物开始认识大小，然后在固定的情境中来感知大小，再将得到的认知运用到具体生活中去操作比较，从而获得丰富的感性认识。

因为大和小的相对性，所以，在"您还可以"中，游戏可以进一步延展，让孩子了解，一个大的东西，并不是绝对的大，还有比它更大的东西。同时，在同一事物中可能同时存在着大和小。

游戏8

薄衣服厚衣服

GAME 8
THIN CLOTHES,
THICK CLOTHES

我的衣服多又多，哪件厚，哪件薄？
看一看，摸一摸，我就能知道，不用妈妈告诉我。

请准备 · Prepare

* 孩子的衣服 8—10 件，薄厚不同。

做一做 · Do it

1　摆好这几件衣服，薄厚穿插摆放。

2　让孩子拿一件衣服，您也拿一件，要求比孩子拿的厚。告诉孩子："我们来比较一下两件衣服哪件厚、哪件薄。"

3　让孩子看一看、摸一摸，感受厚和薄的不同。您可以说："宝贝，我拿的这件比你拿的厚，你拿的那件比我拿的薄。"让孩子也跟着你说一说。

4　让孩子找出一件更厚的衣服，观察孩子找的过程并鼓励孩子说："我这件比你那件厚，你那件比我这件薄。"

5　您接着再找出一件更厚的衣服，可以说："哇，你看，还有更厚的！你能不能再找出更厚的？现在试试看吧。"

6　依次不断进行"找出更厚的衣服"，直到没有更厚的为止。让孩子在找衣服的过程中熟悉厚和薄。

您还可以 · And also

1　用其他常见物品，如书本、纸、鞋子等进行活动。

2　让孩子将这些衣服按照从薄到厚（或从厚到薄）的顺序摆放好，练习按照一定方式将无序的物品变成有序的，感受从薄到厚也是一种排序方式。

3　让孩子了解厚和薄有时候是相对的，如，在游戏中我们总是能找到更厚的衣服，或通过排好序的衣服，将薄外套与T恤相比，薄外套是厚的，但薄外套和棉服相比，它不是厚的，而是薄的。

想对您说 · Words to you

身上穿的衣服也能作为教具，成为教孩子的素材。教孩子，不用担心没有材料，可以就地取材，你洗衣、做饭、打扫的用具都可以拿来使用。

用实物来进行游戏，可以使原本抽象的概念变得更加具体和形象，也更能吸引孩子的注意力。孩子寻找的过程，也是在进行观察、对比、分析的学习过程，这有助于培养孩子的理解能力，对于将来学习各个学科都很有帮助。

小小的游戏对成年人来说很简单，但对于年幼的孩子来讲，却需要他们努力地探索，期间或许还会经历很多次失败。因此，活动中您的鼓励、耐心显得极为重要。

游戏9

哪一个装水多

GAME 9
WHICH ONE HOLDS
MORE WATER?

高瓶子，矮罐子，
装满水来比一比。
比一比，比什么？
谁是装水小王子。

请准备 · Prepare

* 水。
* 两个高低、形状、容积都不同的容器。
* 一个空的儿童水桶。
* 记号笔。
* 液体量杯、纸和笔（备选）。

做一做 · Do it

1. 拿出准备好的两个容器，请孩子猜一猜哪一个容器装的水多。

2. 对孩子的回答不做评判，但是您可以这样说："我们通过实验来找出答案吧！"

3. 请孩子把其中一个容器装满水，然后全部倒入水桶中，待水面平稳后，用记号笔标记出水的高度。

4. 把水桶清空，将另一个容器装满水后同样倒入水桶中，然后与之前的标记做比较。

5. 和孩子聊一聊结果，哪一次的水面高？哪个容器装的水多？

您还可以 · And also

1. 指导孩子用量杯来测量容器的水量，并用笔记录在纸上。

2 装满一桶水，不同的容器各需要连续倒多少次水？请孩子估计次数并记录在纸上，再将实际的次数记录下来，和孩子聊一聊结果。

3 将准备好的容器分别装满水，再取一个小杯子。将其中一个容器的水缓慢倒入小杯子，看能倒多少杯，并将杯数记录在纸上。用同样的方法，看另一个容器能够倒多少杯水。比较结果，问问孩子哪个容器装的水多？

4 跟孩子讲讲不同容器的功用。

想对您说 · Words to you

这是一个帮助孩子认识物体容积且简单可行的游戏。

游戏的关键在于容器的选择。初次游戏，建议您选择差异明显的两个容器（比如，一个瘦高的塑料饮料瓶和一个低矮的听装易拉罐），使孩子能够了解到容器的容量与容器外在形状的关系。待孩子能够熟练地用给出的所有方法去比较两个容器的容量大小后，您可以适当地增加游戏的难度，比如增加容器的数量或者选择具有反差的容器（即看上去容量大实际却小的容器）等，并给予孩子适当的引导，进一步帮助孩子去认识物体的容积。

3—5 岁的孩子充满了探索求知欲，家长应该尽力保护孩子的这份好奇心，并帮助孩子通过他的感官和思考，独立去寻找答案，解决问题。

游戏10

纸鹤找窝

GAME 10
PAPER CRANE
FINDS NEST

一只红色的纸鹤飞啊飞，飞啊飞。
飞来飞去找不着家。
你能帮助它早些找到自己的家吗？

请准备 · Prepare

* 红黄蓝绿四种颜色的彩纸各一张（形状、大小不限）。

* 用红黄蓝绿四种颜色的方形彩纸折成的纸鹤各一只。

* 红黄蓝绿四种颜色的饮料瓶盖各一个。

做一做 · Do it

1　将四张彩纸依次放在孩子面前，请孩子分别说出每张纸的颜色。

2　将准备好的瓶盖拿出来，请孩子依次将瓶盖放在对应颜色的彩纸上。您可以提示、引导孩子问道："这个瓶盖是什么颜色的？它和哪张纸的颜色是一样的？请你将瓶盖放到相同颜色的纸上吧！"

3　孩子全部摆放完毕且正确后，您需要将彩纸和瓶盖收回，并且最好将彩纸隐藏起来。

4　将瓶盖打乱顺序重新摆在孩子面前，再把准备好的纸鹤拿出来。

5　请孩子帮每一只纸鹤找到对应颜色的窝——瓶盖。

6　游戏结束，请孩子帮忙一起收拾游戏道具。

您还可以 · And also

1　将饮料瓶盖换成其他与彩纸对应颜色的物品，比如糖果、塑料跳棋棋子等。

2　将纸鹤拿出来的时候，您可以通过变戏法的方式"变"出来。孩子会惊奇刚刚的彩纸竟然瞬间就变成了纸鹤，以此增加游戏的趣味性，来吸引孩子的注意力，激发孩子的兴趣。

3　将彩纸折成其他您和孩子熟悉的折纸形状，然后让孩子为每种颜色的折纸找到对应颜色的瓶盖。

4　利用家中的其他玩具、玩偶或彩图卡片，请孩子将相同颜色的物品归类放在一起。

想对您说 · Words to you

这是一个简单的小游戏，但是对于0—2岁的孩子来说却具有至关重要的教育意义和思维发展能力。这个游戏不仅帮助孩子认识和巩固了所学过的颜色知识，而且在游戏中使孩子了解和掌握了——对应的关系。与此同时，这个游戏也训练了孩子的手眼协调能力，提高了孩子的认知兴趣。

在游戏的过程中，孩子可能会出现配对错误的情况，这时您不要急躁和指责孩子，而要耐心地引导孩子，发现问题所在，有针对性地去帮助孩子解决问题。

根据孩子的学习成长特点，只要有规律地反复练习，孩子的学习记忆效果和能力就能得到巩固和提升，思维能力同时也会得到发展。

您也可以从这个游戏中获取灵感，将游戏内容做一些调整，比如，请孩子将准备好的物品进行大小、长短、形状等方面的配对，从而有针对性地训练和提高孩子的条理性和逻辑思维能力，这将对孩子的成长、学习以及生活产生不小的影响，使孩子能够更加从容地面对人生。

游戏11

纸板上的镶嵌

GAME 11
INLAID ON CARDBOARD

纸板上有一些形状不同的窟窿，需要你找到对应形状的纸板，将窟窿填补上。

请准备 · Prepare

*一张硬纸板或者厚卡纸（尺寸宜大不宜小）。

*绘图工具（铅笔、尺子、圆规等）。

*一把美工刀或刻刀。

*水彩笔、蜡笔或颜料。

*砂纸或磨刀。

做一做 · Do it

1 在纸板上用绘图工具画出各种形状（如正方形、三角形、圆形、梯形等），然后用小刀沿着图形边缘慢慢刻，使纸板形成各种形状的镂空，同时得到完整的、对应形状的实形纸板，并用彩笔或颜料给实形纸板涂色。将实形纸板和镂空的边缘打磨光滑，以防划伤孩子的手。

2 将雕刻得到的各种形状的纸板摆在孩子面前，教导孩子逐一认识它们的名称和特点。

3 请孩子轻轻摸一摸各个纸板，感受不同形状的特点和差别。

4 将镂空纸板拿出来，请孩子认一认镂空的图形，或者用手去感知。

5 请孩子用各种形状的实形纸板，对应地去填补镂空。

6 当孩子全部完成时，要给予孩子肯定和表扬："太好了！宝贝真棒！"

您还可以 · And also

1　购买各种内容的儿童镶嵌模板玩具，通过配对镶嵌，帮助孩子认识数字、形状、动物等知识。

2　利用"剪纸艺术"这一游戏中得到的实形纸张和镂空纸张，请孩子来配一配对。

3　待孩子熟悉平面图形的配对镶嵌后，您可以购买"形状配对智力盒"等儿童积木玩具，帮助孩子认识和了解立体图形，拓展孩子的思维，增强对应能力。

想对您说 · Words to you

这个游戏可以帮助孩子学习和了解各种平面几何图形，更重要的是使孩子学会对相同事物进行配对，建立一一对应的概念。在这一过程中，孩子的眼睛、大脑和手上的操作需要相互配合，锻炼了孩子的感官、思维和运动能力，提高了肢体协调性。

有的孩子对实物图形和图像能够清晰地认识和分辨，但是像镂空这一类的虚像就难以辨别了。镶嵌类的游戏就在这一方面锻炼了孩子，提高了孩子的空间认识和想象能力，初步感知了正负、虚实的概念和差别。

您亲手为孩子制作道具模板，虽然它的精细度和持久性都未可知，但是却包含着您对孩子深深的爱意和寄托，这是任何事物都无法取代的。当然您也可以根据个人的实际情况，直接购买相似的玩具模板，便捷且持久度高。

游戏12

尾巴找主人

GAME 12
THE TAIL IS LOOKING
FOR THE MASTER

森林中发生了一起严重
的盗窃案，小动物们的
尾巴都不见了。

请准备 · Prepare

*各种有尾巴的动物图片（如小猫、小狗、兔子、松鼠、鱼等）。
*剪刀。
*准备工作：将所有图片上的动物尾巴剪下来，使它们与动物的身体分离，同时保留所有动物尾巴的图片。

做一做 · Do it

1 将所有准备好的动物身体图片拿到孩子面前，请孩子认一认分别是什么动物，并请孩子说出动物的名称。

2 问问孩子"这些图片有什么问题吗"或者"你有没有觉得这些小动物少了什么东西"。

3 当孩子回答"尾巴"时，或者答不出来时，您可以把剪掉的尾巴图片拿出来。

4 请孩子帮小动物们找找各自的尾巴，拼接在一起。

5 在孩子找尾巴的过程中，或者最后拼接配对成功后，您可以问问孩子每种动物的尾巴分别有什么特点，并请孩子来说一说。

您还可以 · And also

1 将动物图片分成头和身体两部分，请孩子来配对组合在一起。

2 准备一些妈妈常用的物品（如口红、项链等），一些爸爸常用的物品（如领带、手表等），还有一些孩子常用的物品（如玩具、图书等），将它们放在一起，请孩子认一认这些东西分别是谁的。

3 问问孩子诸如"你是谁的孩子""妈妈是谁的孩子""爸爸是谁的孩子"这样的问题。

想对您说 · Words to you

这个游戏的目的是帮助孩子认识从属关系。从属关系就是一种表示依存、附属的关系，通常我们用"的"字来表明某人的附属物，或者某物的组成部分等。对孩子来说，他需要更直观形象的物体演示和说明来获得这一概念。您可以用图片、实物或者孩子熟悉的家人来帮助孩子进行理解。建立从属关系的认识，将有助于孩子日后养成自律的习惯，以及在头脑中建立界限意识，这样既能够守护自己的物品或界限不被侵犯，也避免自己做出越界和出格的事情，懂得人与人之间的相互尊重。

除此之外，通过"尾巴找主人"这个游戏，您或孩子可能会发现，平时当作为完整的小猫、小狗等动物形象出现时，分辨它们丝毫不费力气，但是当尾巴等身体部分缺失时，想要找出对应的来配对，就有些困难了。这是因为平日对事物细节的疏忽和缺乏观察。建议您在孩子的日常生活和学习中，针对细节观察多做一些相应的引导和训练，塑造孩子细心的品质。细心的好处不言而喻，细心的孩子更加惹人疼爱！

游戏13

象棋对对碰

GAME 13
CHINESE CHESS,
ONE-TO-ONE

有趣的象棋对对碰，
开辟了象棋新玩法。

请准备 · Prepare

* 九枚象棋棋子，其中八枚需要两两为一对，另一枚为将（帅）棋。

* 桌子或地板等平面空间。

* 2—4 个玩家。

做一做 · Do it

1. 将准备好的九枚象棋棋子有字的一面全部朝下倒扣在桌子上，然后将这九枚棋子打乱顺序，同时摆出"九宫格"的形状。

2. 开始翻棋子：一个人一次可以任意翻两枚棋子，如果这两枚棋子是一对，那么这个人可以接着再翻一次；如果这两枚棋子不是一对，则需要将这两枚棋子按原样都再倒扣回去，同时换另一人翻牌。依次轮流。

3. 翻出一对的棋子需要从"九宫格"中拿开，放到翻出它们的人身边，作为最后评判胜负的依据。其余未配对成功的棋子则需保持原样不动。

4. 直到"九宫格"中剩余最后一枚将（帅）棋无法配对，游戏结束。

5. 每个人数自己身边配对成功的棋子数量，数量多者为胜（当然也可能打成平手）。

您还可以 · And also

1 对于年龄较小的孩子，可以直接将棋面朝上摆放，让孩子在其中寻找相同的一对棋子。

2 先将棋面朝上摆放，给孩子两分钟的观察记忆时间。两分钟过后再将棋子一枚枚朝下倒扣，开始"象棋对对碰"的游戏。

3 待九枚棋子已经不再能够引起孩子的兴趣时，可以适量增加棋子数量，提高难度。

想对您说 · Words to you

"象棋对对碰"这个游戏，是借用象棋棋子作为道具设计出的一款游戏。

无论是对于年龄较小的孩子，还是年龄稍长的孩子，无论是棋面朝上，还是棋面朝下，这个游戏的核心宗旨都是配对，目的都是帮助孩子建立一一对应的观念。只不过，相较于棋面朝上的简单直观，棋面朝下更加充满了未知性和挑战性，能够激发孩子的好奇心和探索欲。同时这个游戏还能够帮助孩子认识棋子上的汉字，并通过反复游戏起到巩固加强认知和记忆的作用。

若是几个孩子一起玩这个游戏，您还可以问问每个孩子的游戏方法和窍门。您会发现，有的孩子完全靠运气，有的孩子则会巧妙地运用记忆力……当孩子们七嘴八舌地分享自己的游戏方法时，是一个将思想转化成逻辑语言，提高表达力的过程，同时也是互相借鉴和学习提高的过程。

游戏14

帮妈妈摆餐具

GAME 14
HELP MOM ARRANGE
THE TABLEWARE

数学是孩子摆好餐
具的第一助手。

请准备 · Prepare

* 摆在桌子上的餐具（筷子、勺子、杯子、碗等）。

* 饭桌。

做一做 · Do it

1 餐前问问孩子吃饭时会用到哪些餐具，并和孩子一起讨论讨论。

2 邀请孩子来帮忙摆餐具。

3 指导孩子在餐前数好就餐人数，然后找出对应数量的筷子、勺子等。

4 开始摆餐具。您可以先为孩子示范如何摆餐具，提示孩子要找准椅子对应的位置摆放，然后引导孩子完成其余餐具的摆放。

5 等孩子摆好餐具后，要感谢他的帮助，并请他招呼其他家人准备用餐。

您还可以 · And also

1 指导孩子在餐前数好就餐人数，并请他在餐桌旁摆放相应数量的椅子。

2 在孩子能够单独熟练地摆放餐具后，适当地增加难度，比如由简单地摆放筷子和勺子，变成增加摆放碗（或者杯、碟），以及餐巾纸的任务，并且对餐具的摆放位置提出要求。比如，碗要放在筷子和勺子的左边（或者中间），餐巾纸要放在筷子和勺子的下边等。

3 教导孩子认识和摆放西餐餐具。

想对您说 · Words to you

摆餐具看似是一项简单的家务，实际上却包含着不少学问，数学以及对应关系就是最典型的两个方面。在摆餐具前，孩子首先要预估和数出用餐的人数，然后再去挑选数出对应人数的餐具。对于生长于中餐文化家庭中的孩子来说，数筷子本身就是一个不小的挑战，因为它需要配对以及双数和倍数的概念。一开始接触摆筷子，孩子会感到数筷子比较困难，摆放过程中也可能出现配对的错误，但是不要因此批评孩子，使孩子退缩放弃。您需要耐心地指导和鼓励孩子，也可以引导孩子从简到难地逐渐过渡。孩子对新事物的学习和认识都需要一个过程。

摆餐具还可以激发孩子参与家庭事务的热情，使孩子拥有作为家庭一员的满足感和成就感。同时，摆餐具的过程中，孩子能够逐渐学会观察和关心每一个家庭成员的不同需求和用餐习惯，培养孩子的细心和爱心。所以不要小瞧摆餐具这样的家务劳动，更不要剥夺孩子参与家务的权利，家务能够在潜移默化中教会孩子知识，培养孩子的品格。

游戏15

给小汽车找家

GAME 15
FIND THE HOME FOR
THE CAR

每辆小汽车都有一
个家，一个家里能
住一辆小汽车。

请准备 · Prepare

* 6—8 辆玩具小汽车。

* 五个用纸壳做的车库，有底面和三个侧面，每个车库刚好可以放进一辆小汽车。

做一做 · Do it

1. 把三个车库，口朝一侧，排成一排，旁边放上准备好的小汽车。

2. 让孩子观察车库和小汽车，挑出正好可以放入三个车库的小汽车。

3. 在一旁观察孩子挑选小汽车的过程，和他聊一聊为什么要挑出这么多辆小汽车。过程中您可以说"宝贝，你为什么要挑出这些辆小汽车""你想在一个车库里放几辆小汽车"。

4. 然后让孩子把小汽车放入车库，让他自己观察小汽车和车库的数量是否匹配。

5. 第二轮，让孩子把小汽车开出车库，增加或减少车库的数量。让孩子重新选择放入车库的小汽车，并把小汽车放入车库中。观察孩子在此过程中的反应。

您还可以 · And also

1. 把五个车库口朝一侧放好，再选出五辆小汽车，让孩子把小汽车开入车库，然后再开出。接着，让孩子把小汽车头尾相连，摆在车库前，这时，小汽车的总长度比车库长。问问孩子，是车库多还是小汽车多。

2　孩子可以进行各种各样的——对应游戏，比如，给笔带笔帽、给盒子盖盖子、把种子埋进花盆里等等。

3　还可以在日常生活中让孩子理解——对应关系和几对几的游戏，如：看看衣柜里的衣服多，还是衣架多；几个人一起玩牌，让孩子为每个人发相同张数的纸牌。

想对您说 · Words to you

这个游戏，有助于您了解孩子对一一对应和几与几对应关系的掌握情况。很多时候，对于数学概念，您无论如何和孩子解释，他可能都未必能够真正理解；但是当他接触到具体的事物时，就可以在实践中体会一一对应和几对几对应关系。

在游戏的过程中，不要评判孩子给出的答案是对是错，您只需要细心观察孩子对这一问题认识的变化。孩子很小的时候是无法解决一个车库对应几辆小汽车的问题的，

但是当他长到 5 岁时，孩子基本就能够为车库找出匹配的小汽车数量，这是计数的重要一步。

在拓展游戏中，小汽车头尾相连，长度比车库长，这时，孩子可能说小汽车比车库多。尽管他刚刚看到了车库和小汽车的一一对应情况，但他依然会认为哪个长，哪个数量就多。同样，您也无须纠正，因为当孩子渐渐长大，他就会自己观察出无论小汽车怎么摆，它的数量其实是不变的。

动物野餐

GAME 16
ANIMAL PICNIC

今天天气多晴朗，大地
野花香。小熊小兔来相
聚，小鸟声声唱。

请准备 · Prepare

* 野餐布。

* 多个椅垫。

* 小熊、小兔、小狐狸等玩偶。

* 不同数量的盘子和勺子。

* 苹果、梨、葡萄等水果。

做一做 · Do it

1 告诉孩子你们今天要在家里的阳台上野餐，请他来决定都要邀请
哪些小动物，比如，孩子要邀请小熊、小兔和小狐狸。

2 让孩子帮您把野餐布铺在阳台上，然后让他想一想，要放多少个
椅垫。三只小动物，加上您和孩子，应该放五个椅垫。当孩子放
的数量不对时，您要提示他："这样小狐狸坐在哪里呢？"

3 然后把小动物们摆在椅垫上，您和孩子也坐好，然后让孩子来摆
餐具，一个盘子对应一只勺，摆在一个人那里。

4 然后再让孩子来分苹果和梨，每样都是一人一个。

5 和孩子一起数数葡萄的数量，问问孩子要怎样分。

6 吃完水果后和孩子一起来收拾场地，把各种物品归位。

您还可以 · And also

1. 在家庭的实际野餐中，让孩子帮家里人分食物，可以告诉孩子，爸爸吃得多，给爸爸多分一些，宝宝吃得少，要少分一些。

2. 让孩子和您一起准备野餐食物，制作三明治，两片面包中间夹上火腿等食物，让孩子来帮你算算可以做多少三明治。

想对您说 · Words to you

这个游戏帮助孩子学习一一对应和一对多关系。在实际的野餐游戏中，让孩子为大家准备物品，分发食物，孩子会在分发当中考虑如何分，有几个人，对应多少食物，这是孩子在实际生活中可以学到的。

在之后的发展训练中，孩子会渐渐明白，每个人的需要不同，每个人所对应的选择也不同，那么他就要学习如何按需分配，这考验孩子对人的观察和体贴。

野餐活动还可以锻炼孩子多种多样的品质，如一件事情要坚持始终，野餐前帮妈妈准备食物，野餐中帮妈妈分发食物，野餐后也要帮妈妈打扫，这是培养孩子品格的重要一步。

第三章
事 物 的 秩 序

儿童在这个年龄所形成的远远不只是语言，其中还形成了秩序感。它产生实际需要，促使他们按照自己的逻辑，把混乱变得条理清晰。

——玛利亚·蒙台梭利

游戏1

拿水果

GAME 1
TAKE THE FRUIT

试一试，猜一猜：先拿出一个苹果，
接着拿出一个梨，再拿出一个苹果，
又拿出一个梨，接下来会是什么？

请准备 · Prepare

* 20 个水果，苹果和梨各 10 个。
* 1 个黑色袋子，将 20 个水果全都放进袋子里。

做一做 · Do it

1 放好袋子，不要让孩子看到里面。先从袋子里拿出一个苹果，问孩子这是什么。接着拿出一个梨，放在苹果旁边，问孩子这是什么。然后再拿出一个苹果，再拿出一个梨，按照"苹果——梨——苹果——梨"的顺序继续往外拿出水果并依次摆放。

2 让孩子观察所摆出的水果，并按先后顺序说出都是什么水果。

3 告诉孩子现在他可以接着拿水果，把袋子交给他。问问他觉得应该拿什么水果，看看他拿出了什么，是不是苹果。

4 就这样让孩子拿完袋子里的水果。过程中可以问他："现在该拿出什么水果了？是苹果吗？为什么呢？"观察孩子的反应。如果孩子不知道拿什么水果或是拿错了，可以这样提示："宝贝，你看，一个苹果接着一个梨，一个梨也接着一个苹果。"最后总结其中的规律。

5 按照其他规律往外拿出水果。例如，按照"苹果——苹果——梨——梨"的规律依次往外拿出8个水果，接着让孩子一一拿出其他水果，直到拿完全部水果，最后总结出其中的规律。

您还可以 · And also

1 和孩子轮流往外拿。按照"苹果——梨——苹果——梨"的规律，你先往外拿出一个苹果，接着让孩子拿，然后你和孩子再依次往外拿。

2 往袋子里加入10个橘子，然后再按照"苹果——梨——橘子"的顺序拿出水果。

想对您说 · Words to you

这个游戏非常形象，它能帮助孩子认识和发现规律。规律不仅存在于数学领域，语言和物体也是有规律的，它们就在我们身边，或许比数学规律更简单，也更容易被我们发现。

当孩子能按照规律拿出水果后，还可以尝试不摆出水果，只是口头上说："有一个苹果和一个梨，接着是一个梨和一个苹果。按照'苹果——梨——梨——苹果'的顺序，你觉得接下来会是什么？"

在纸上写下这些规律，让孩子按照规律画出水果。不断积累类似的规律和孩子所作的画，成为一本小册子。最终，孩子可能会先在纸上表现出规律，而您就可以用真实的物体重现这种规律。

游戏2

国王　王后　骑士

GAME 2
KING, QUEEN AND JACK

见到国王要行礼，
见到王后要问好，
红心侍从别放掉。

请准备 · Prepare

* 一副扑克牌。

做一做 · Do it

1 取出扑克牌中 "K" "Q" "J" 三种牌共计12张，先告诉孩子这三
种牌代表的意义。K，是king的缩写，即 "国王"；Q，是queen的
缩写，即 "王后"；J，是jack的缩写，即 "骑士"。

2 让孩子观察四张 "K" 有什么不同，它们上面有哪些不同的图案。
之后再分别观察 "Q" 和 "J"。

3 把12张牌混入其他牌中洗牌。然后将牌平均分成两沓，您和孩子
一人一沓。将牌倒扣在自己手中。

4 两人分别拿自己手中最上面的牌出牌。如果是数字1—10，那
么就继续出牌；如果遇到 "K"，谁先举手行礼，这张 "K" 就
归谁；如果遇到 "Q"，谁先说 "王后吉祥"，这张 "Q" 就归
谁；如果遇到 "J"，谁先出手盖住 "J"，"J" 就归谁。拿到的
"K" "Q" "J" 后放到自己一边，不要和手中的牌混在一起。

5 双方手中都没有牌时，出牌结束。

6 看各自手中分别有多少张 "K" "Q" "J"，"K" 记3分，"Q"
记2分，"J" 记1分。让孩子把得分加一加，看谁的得分多。

您还可以 · And also

1. 增加游戏的难度，如果遇到"K""Q""J"时，动作做错了，这张牌就归对方。

2. 在牌中引入大小王，规定遇到大小王时的动作——继续玩牌。

3. 进一步告诉孩子"K""Q""J"在扑克牌中的意义，"J"代表11，"Q"代表12，"K"代表13，这样他可以明白整副牌的意义。

想对您说 · Words to you

孩子在游戏中会观察一种扑克牌的规律，要想赢得牌，他需要快速辨认"K""Q""J"三种牌，还要了解他们的花色，渐渐地，他会发现，扑克牌中的每种牌都拥有这四种花色。

同时，在游戏中他不可以贸然行动，贸然行动会受到惩罚，游戏会要求他有更强的观察力，这对他练习手脑并用有很大好处。

对于这样稍微复杂一些的游戏，孩子很可能忘了游戏规则而乱玩一气，这时您要观察他的状态，如果他还很有兴趣，那么就要提醒他游戏的规则，让他明白在规则中游戏才有意义；如果他明显表现出疲惫，那么您就要和他结束游戏，或换一种简单的游戏，不要让他对这一游戏感到厌倦，以后才能继续进行。

游戏3

少了什么

GAME 3
WHAT'S MISSING?

数字会排序，胸中有全局。
无论少哪个，都能发现了。

请准备 · Prepare

* 卡纸。
* 剪刀。
* 碳素笔。

做一做 · Do it

1 和孩子一起用上面的工具做两套1—10的数字卡。

2 将这20张数字卡带数字的一面向下放在桌子上，并打乱他们的顺序。

3 请您从其中任意抽取一张拿到您身边，同时仍然需要保持数字面朝下。

4 将剩余的19张卡片全部翻转过来，在桌上摊开。

5 请孩子通过对这19张卡片的观察，猜出您身边那张卡片上的数字。

6 将您身边的卡片亮出，来判断孩子的猜测是否准确。

7 重新进行第2步，开始下一轮游戏。

您还可以 · And also

1 根据孩子的实际情况，减少或增加数字的范围和数字卡的数量，来降低或提高难度。比如，对于年龄较小、接受程度不高的孩子，您可以准备1—5的数字卡各两张，或者1—10的数字卡各1张；对于年龄较大、接受程度较高的孩子，您可以用牌面为1—10

的数字卡各3—4张，等等。

2 将抽取1张数字卡改为任意抽取2—3张数字卡，再请孩子来判断猜测，这样对孩子来说，会更有难度和挑战。

3 请孩子做一些简单的数字填空练习。比如："4、5、（ ）、7""6、（ ）、4、（ ）"等。

想对您说 · Words to you

当孩子能够熟练地按照顺序数出1—5或者1—10的数字后，您不妨教导和训练孩子再以倒序的方式来数一数，这会打破孩子的固定思维模式，发展孩子的逆向思维。这个游戏同样起到了这种作用，并且还锻炼了孩子的观察力，提高了孩子的思维灵敏度。

在游戏的过程中，您可以观察孩子的游戏方式：他是只通过眼睛的观察来判断呢，还是会进行一些行动来排查？比如，他是否会将那19张剩余的数字卡两两配对或者分别按照从1—10的顺序排成两行，从而发现缺少的那一张牌？如果孩子只是通过眼睛

的观察就能够做出正确判断，那么说明他不仅熟练地掌握了1—10的数字，而且观察力、眼脑的协调配合能力以及思维反应能力都很高。如果孩子通过配对等方式来做出判断，说明孩子具有一定的逻辑思维能力和条理性，能够将抽象的思维具象化，让事实来说话。对于无法掌握游戏窍门的孩子，您就可以通过以上的方式来引导，逐步提高孩子的思维能力。每一个孩子都有他自己擅长的思维方式和能力，您所要做的和能够做的，就是帮助孩子发掘他自身的能力，提高和发展他的特长，锻炼和弥补他所欠缺的。

游戏4

故事大王就是我

GAME 4
THE KING OF STORIES
IS ME

快来听我讲一讲，石头、手帕、棒棒糖，他们之间会发生什么故事呢？

101

请准备 · Prepare

* 卡纸。

* 蜡笔。

* 剪刀。

* 数字卡片。

* 生活中各种常见的不相关的物品，比如，靴子、牙膏和毛绒玩具。

做一做 · Do it

1　和孩子们在卡纸上写数字，并剪下来，做成数字卡。

2　给孩子讲故事，一边讲一边用简单的图画把故事情节表现出来，比如，用一朵花代表故事发生在春天，用一道闪电或是一朵云代表下雨了等等。

3　再讲一遍故事，一边讲一边按照故事发展的顺序将数字卡放在刚才画的故事图画上，比如，一边说"故事开始在一个美丽的春天"，一边把数字"1"放在小花的图画下边。

4　把图片剪下来，让孩子尝试，用图片重复故事。

5　改变图片代表的含义和顺序，再讲一个故事。比如，小花不代表春天而代表一位美丽的花仙子。

6　鼓励孩子用这些图片编一个新的故事。

7　让孩子自己讲一个熟悉的故事，并把它用简单的图画画在纸上。把图画剪开，根据图画创编一个新故事。

您还可以 · And also

1 引导孩子用生活中许多不相关的物品编一个连贯的故事。

2 逐渐增加物品，把故事再变长一点儿。

3 把孩子编的故事画成一部儿童绘本，并给故事取个好听的名字。

4 和家人一起表演故事，可以是无实物表演。

5 选择一些儿歌或音乐填充到故事的表演中。

6 制作一些道具进行故事的表演。

想对您说 · Words to you

和孩子做这个活动一定不能太心急，开始的时候孩子可能对编一个故事并没有概念，可以让孩子首先建立"先怎么样了""再怎么样了""最后怎么样了"的概念。试着使用数字卡让孩子有先后顺序的概念。

当孩子刚刚开始编一个故事的时候，请不要急于纠正故事中的一些错误，等孩子已经不再胆怯于编故事以后，再试图通过提问的方式来纠正故事中的一些逻辑错误，比如："为什么你的故事里，冬天的小河没有结冰呢？"

可以让孩子先从三张图片开始，比如，一块石头、一块手帕、一根棒棒糖。之后再在这三张图片的基础上增添其他的图片来丰富故事。

游戏5

小报幕员

GAME 5
LITTLE ANNOUNCER

水果、玩具来演出，
按照顺序排列好。
谁在苹果下一个？
宝宝你来报一报。

请准备 · Prepare

    * 4—5 个孩子熟悉和喜爱的物品（比如苹果、积木、玩偶娃娃、玩具车、书等）。

做一做 · Do it

1　和孩子玩过家家的游戏，提议让水果、玩具等您准备好的物品来演出。

2　您依次念出物品的名称，并指导孩子将它们依照顺序从上到下排成一列，表示它们参加演出的顺序。

3　请孩子担当报幕员，介绍出场顺序。您可以教导孩子这样说："秋季演出大会现在开始！第一位出场的是苹果，它带来的表演是单口相声《自我介绍》。""下一位出场的是积木，它们带来的表演是盖房子。""下一位出场的是……"

4　节目表演由您和孩子分担完成或者共同完成。

5　演出结束后，请孩子谈一谈他作为报幕员的感想。

您还可以 · And also

1　请孩子将物品从左到右排成行，然后按照顺序说一说物品的名称。

2　请孩子按照您指定的颜色顺序（比如按照红绿蓝黄的顺序）进行

串珠。

3 准备4—5个玩偶娃娃（或者玩具车），将它们摆成一排，并且其中一个朝向的方向与其他几个相反，请孩子找出这个不同的玩偶娃娃（或玩具车），同时请孩子说说选择的原因。

4 外出坐公交或地铁的时候，请孩子留心听每一站的语音报站。问问孩子，站名的顺序能不能交换变更？请孩子想一想来回答。

想对您说 · Words to you

宇宙每天都在有序地运转着，人类的生活也处处充满了秩序和规则。因而从小帮助孩子建立顺序的概念和意识就显得十分重要。这个游戏的目的就在于此。

顺序不仅存在于日常生活中，也会广泛应用在语文和数学等科目的学习中。就语文来说，理清文章的写作顺序将会帮助孩子更好地进行阅读理解，而文章中通常会用到"首先、其次、最后"等表示先后顺序的词语。所以，您在训练孩子认识和理解顺序的概念时，

不妨多用一些这样的顺序词语，以便孩子能够明白顺序、抓住重点。另外，就数学来说，熟练掌握顺序的概念是学习序数的基础，也是解答问题的逻辑性依据。

通过这个游戏，不仅帮助年幼的孩子了解物品的顺序，初步建立顺序的概念和意识，同时能够提高孩子的思维条理性和逻辑推理能力，以及语言表达能力，这些能力将会对孩子的思维方式以及生活习惯产生重要的影响和助益。

游戏6

送我回家

GAME 6
TAKE ME HOME

你有家，我有家。你
我都有自己的家，请
你把我送回家。

请准备 · Prepare

* 线圈 4—5 条，长 50 厘米左右。

* 纸笔。

* 果蔬：黄瓜、白菜、土豆、西红柿、胡萝卜、苹果、西瓜。

做一做 · Do it

1. 将各种蔬菜瓜果摆在桌子上，告诉孩子我们要把它们送回家。

2. 在旁边摆好两个线圈，一个写上"蔬菜的家"，一个写上"水果的家"。

3. 让孩子将这些蔬菜水果分别送进"蔬菜的家"和"水果的家"。过程中观察孩子的反应和操作，您可以这样说："宝贝，黄瓜是蔬菜，还是水果呢？哦，是蔬菜，那就把它送到'蔬菜的家'吧。"

4. 再摆好两个线圈，分别写上"绿色的家""红色的家"。

5. 让孩子将已送回家的蔬菜水果拿出来，再一一送进不同颜色的家。您可以进行提示："黄瓜是什么颜色的？哦，是绿色的，那它应该在'绿色的家'。"

6. 给绿色和红色之外的蔬菜和水果找个家。可以适当地提示："土豆应该在哪个家呢？它既不是绿色的也不是红色的。是不是需要给它建一个家呢？"

7. 总结。水果和蔬菜可以通过颜色分到一起，看似不同的东西可以放在一起，可以在同一个家。

您还可以 · And also

1. 加入几种常吃的蔬菜和水果，让孩子把它们也送回家。
2. 按照形状、大小、味道、个人的喜好等给它们再找到更多的家。
3. 把家里某两类不同用途的物品混合放在一起，让孩子给它们找家。如，将一些厨具（如汤勺、洗菜盆、菜板、筷子、铲子、洗碗布等）和书写工具（如钢笔、橡皮、纸、格尺等）混合放在一起，根据它们的材质、形状等给它们找家。

想对您说 · Words to you

瓜果蔬菜对孩子们来说很常见，作为活动的道具很容易找到。常见的物品中也有不少常常被忽略的内容。西瓜能和某种蔬菜分在同一类吗？活动后，你就会说当然能啦。

送物品回家，其实是要对物品进行分类。分类，就是比较不同的事物，将有相同点或相似点的事物放在一起。它在我们的生活工作中应用非常广泛，这也是需要孩子渐渐认识和学习的重要一点。

我们会习惯性地按照用途进行分类。不过，想一想，物品用途虽然不同，但它们或许有某些共同点，如大小、形状、颜色可能相同或相似，因此，还可以把用途不同的某些物品归为一类。通过这样类似的游戏，引导孩子用多种思维方式来看待周围的事物，鼓励孩子提出更多更新的角度，这也是在发展孩子的创造性思维和发散性思维。

游戏7

搬走 流走 飞走

GAME 7
TO MOVE, TO FLOW AND
TO FLY AWAY

固体、液体和气体，
全都被我派住了。

请准备 · Prepare

 * 家中的一些日用品、蚊香、气球、水、各种饮品和宝宝乳液。
 * 三个盆。
 * 一些瓶子和塑料袋。
 * 一些有关固体、气体和液体的卡片。

做一做 · Do it

1　抓住它。先和孩子比赛抓东西，抓住散落的玩具后放在指定的盆里。然后抓水龙头里流出的水和蚊香点燃后的烟。让孩子形容一下抓这些东西时的不同感受，想一个办法抓住水和烟（可以提示他使用瓶子和塑料袋等工具）。

2　帮助所有东西从盆里逃跑。固体是搬走的、水是流走的、塑料袋里的气体是散开的。重复抓住和逃跑的游戏，并逐渐增加一些固体、液体和气体。

3　增加游戏道具，让孩子分别将固体、液体和气体放在不同的容器里。

4　收集生活中的固体、气体和液体（可以是照片或图画），并将其归类。

您还可以 · And also

1　做实验。将一块冰加热变成水，再继续加热变成水蒸气。这样可以了解一件事物处于固体、气体和液体的不同状态。

2　对其他事物做分类集合，比如，植物和动物、活物和死物、鱼类和鸟类等。

想对您说 · Words to you

　　生活中的事物是由不同的集合组成的，而大多数的事物又可以被归在许多不同的集合中。了解事物的特性，学习根据这些特性将其分类，是孩子成长所必需的。

　　尽量提供多一些资源让孩子可以有更多的空间思考和练习。

　　孩子自己划分的集合有时是对立的，如：活物和死物。而有时不是对立的，如：水果和蔬菜。这是正常地，不要太多地纠正他，让他尝试尽量多地划分出集合来。

　　可以故意少提供一个种类的道具，使分类出现空集的情况。

游戏8

晚餐我爱吃

GAME 8
I LOVE DINNER

让孩子做一个小调查"晚餐我爱吃",帮助您知道每位家人的口味,也让孩子学习调查记录方法。

请准备 · Prepare

* 白板。
* 记号笔。
* 各色贴纸。
* 剪刀。

做一做 · Do it

1　和孩子讨论他晚餐爱吃什么，让他观察全家人都爱吃什么，然后去询问一下家人："今晚的这道菜你喜欢吗？"

2　启发孩子，可以用什么方法将晚餐中家人爱吃的菜记录下来。

3　将白板挂在墙上，可以作为您和孩子讨论问题、列表格的地方，也可成为您提醒家人重要事件的地方。

4　在白板上用竖线画出列，有几位家人，就画几列。再用横线画出排，有几道菜就画几排。

5　和孩子一起，为每位家人选一种颜色，将这种颜色的贴纸剪成椭圆形，上面写上家人的名字，贴在列的最上端。然后选一个单独的颜色来代表菜，有多少道菜剪多少个椭圆，当菜增加时，再增加椭圆的数量，在贴纸上写上菜名贴在横排的最左端。

6　再选一种特别的颜色，剪成一些圆形，让孩子在上面画上笑脸。

7　每天晚饭后，让孩子去询问家人对每道菜的看法，在白板的表格中，在每位家人喜欢的菜的对应处贴上笑脸。连续记录一周。

8　一周后和孩子一起讨论，哪几道菜的受欢迎程度最高。

您还可以 · And also

1　和孩子到户外去采摘各种植物，用同样的方式记录采摘植物的属性，如形状、颜色、味道等。有些植物不止具有一种属性，需要在表格中贴上多张笑脸。

2　让孩子自己选择要调查的主题，你来启发他横排和数列都要有哪些调查项目。

想对您说 · Words to you

　　调查后绘制表格是孩子在学习和生活中需要掌握的重要技能。表格能简单明晰地反映调查事件的情况，陈说调查事件的结果。和孩子一起来做调查分析，是一种难得的经历，同时也为孩子培养了重要的科学技能。

　　孩子做调查的过程，是孩子学习与人沟通的过程，在调查过程中，孩子可以养成严谨的思维和实事求是的态度。

　　在家中多做这种训练，当孩子再长大一些，调查范围可以扩展到社区、幼儿园，逐步让孩子扩大交往范围，增加调查的难度，让孩子在实践中学习、积累经验。

游戏9

拉大车

GAME 9
A POKER GAME

童年拉拉车，是我快乐
的小王国。

请准备 · Prepare

* 一副扑克牌。

做一做 · Do it

1　带孩子认识54张扑克牌的数字和花色，和孩子讲解黑桃、红桃、梅花、方块四种花色，重点认识"1—10""K""Q""J"和大小王。

2　和孩子并排坐好，将一副扑克牌平均分成两份，多一张少一张无所谓。

3　您和孩子都把手中的牌反面向上握着，游戏过程中不要翻看手中的牌。

4　一个人先出一张牌放在面前，然后下一个人出一张牌压在上一张牌上，但要留出上一张牌的数字和花色。

5　无论谁打出一张牌，前面的牌有和这张牌点数相同的，则出牌者要迅速将这两张牌之间所有的牌都取回，放入自己的手中，然后再打一张牌。

6　如果点数相同，但出牌人没及时看出来，而另一家已经出牌，那么下面的牌就不能再收回。

7　如此循环往复，直到所有牌都集中在一人手中，游戏结束。

您还可以 · And also

1 随着孩子对扑克牌数字和颜色的了解，可以变换牌的玩法，收牌时，不但牌的点数要相同，牌的颜色也要相同。

2 开发其他扑克牌游戏，如猜大小等。

想对您说 · Words to you

拉大车是最适合儿童玩的扑克牌游戏，这项游戏不仅仅靠运气，还考验孩子对扑克牌的熟悉程度和反应速度。通过玩牌，孩子会更加熟悉 1—10 这些数字，同时快速反应哪些牌是相同的牌。

孩子在最初玩这一游戏时，可能因认不准牌而误收，也可能因为没观察到而漏收，这时您可以耐心地提示他，让他逐渐体会游戏的乐趣。

在"您还可以"1 中，孩子需要观察的项目增多，这更考验了他的反应能力，同时增强了孩子的鉴别能力。

游戏10
逛超市

GAME 10
GO TO THE SUPERMARKET

世界上没有两样完全相
同的事物，但是却不难
发现它们的相似之处。

119

请准备 · Prepare

* 大型购物超市或者便利店。

做一做 · Do it

1. 带孩子去超市，来到孩子喜欢的零食（或者糖果）货架前。
2. 请孩子观察货架，然后问一问孩子"这个货架上摆放的都是什么东西啊"或者"这个货架上的东西为什么放在一起啊"。请孩子想一想，说一说。
3. 请孩子从货架上拿一件他爱吃的零食，同时您也从货架上选取另外一件零食。
4. 您可以这样说："我们两个人选的零食有两（或三）个相似的地方呦，你可以说一说吗？"
5. 请孩子观察比较，说出相似或相同的地方来。您可以引导孩子从包装、口味、颜色等方面来回答。只要孩子的回答合乎逻辑，都是可以的。
6. 作为孩子回答正确的奖励，将孩子喜欢的那件零食加入购物车。

您还可以 · And also

1. 不明确告诉孩子两样货品有几处相似之处，而是变为开放式的，请孩子尽可能多地说出相似之处来。

2　在家中收拾整理孩子的玩具箱或者衣柜时，任意拿出两样物品，请孩子说一说它们之间的相似之处。

想对您说 · Words to you

同样是对事物属性的认识和了解，"划分种类"的重点是在明确了一种属性要求后去寻找对应的物品，而这个游戏正好相反，它的重点是从两件物品的身上去寻找发现共同的属性。前者目标清晰明确，相对简单，后者需要发散思维能力，更有难度。

超市的商品种类繁多、琳琅满目，为了消费者能够更容易找到想要购买的物品，超市的工作人员通常都是按照商品的用途来整理摆放。对于这样已经分类整理好的物品，让孩子再去归纳总结属性就相当容易了。然而即便是同一货架上的商品，因为品牌不同会存在差异，但仍有相似之处。这就为这个游戏创造了有利的条件。

在孩子观察寻找两个物品的相似之处时，他会思考回忆已经掌握的属性特征，然后去对应比较。这就要求孩子需要了解和掌握一定的属性知识。您也可以在游戏过程中，为孩子做示范，这样孩子更加容易理解应该从哪些方面去比较。另外，在逛超市的过程中，您也可以和孩子讨论讨论，超市的货架物品摆放是否合理？如果让孩子摆，他会怎么摆放货品？以此来激发孩子的思维力和创造力。

游戏11

划分种类

GAME 11
DIVIDE INTO
CATEGORIES

地球家园上居住和生活着许许多多的生物，我们每天面临着纷繁复杂的事物，看似繁杂，其实它们原本都各从其类，只待我们去认识和梳理。

请准备 · Prepare

  * 各种杂物或者待整理之物（比如抽屉中的物品、玩具箱中的玩具以及散乱的书籍等）。
  * 地板或桌子等平面。

做一做 · Do it

1 将各种杂物摆放在您和孩子面前的地板上。您可以对孩子这样说："这堆东西好乱啊，你来帮我一起把它们整理整理吧！"

2 由您指定一种属性特征，请孩子在这堆杂物中找出具有这种属性的物品来。比如，您可以说"请拿给我红色的东西""你能找到长方形的东西吗""这些东西中有没有纸做的"等。

3 当孩子把他挑选的一件物品拿给您时，您可以和孩子就他手中的物品稍加讨论，接着再请孩子继续寻找具有这种属性的物品，直到再找不出来为止。

4 另外指定一种属性来寻找相应的物品，并将找到的物品摆放成堆。如此重复进行。

5 直到剩下的物品再也找不出共同的属性，或者物品已经全部分完，游戏结束。

您还可以 · And also

1 在孩子熟悉规则后，由他来指定属性特征，您和他一起在杂物堆中挑选合适的物品，并对各自挑选的物品进行符合属性的简短说明。

2 在孩子熟悉并熟练掌握一种属性后，向他提出两种属性的要求，请他再找一找。比如："有没有东西既是长方形又是纸做的？"

想对您说 · Words to you

这个游戏的实质就是分类。分类是建立在对事物属性的认识基础之上，按照不同的属性特征进行划分整合。分类能够把纷繁杂乱的事物变得有序可循、清晰明了、提高效率。让孩子从小学习分类，既可以使孩子认识不同的属性特征，同时也会使孩子变得具有条理性和规范性。

在游戏的过程中，孩子可能会在选择对应属性的物品时出现困惑的情况，因为有的物品同时具有两种或两种以上的属性。比如，孩子会发现，刚刚挑选出的长方形盒子，现在也符合"纸做的"这一筛选标准。这时您需要对孩子的发现进行肯定和鼓励，同时帮助他解决困惑。适时加入"寻找同时具有两种属性的物品"的游戏规则。根据孩子的实际情况，您还可以引导孩子去发现，同时拥有两种属性的物品与只拥有其中一种属性的物品，两者在数量上的差别。您不妨就从身边平时的收纳整理开始，请孩子做您的小助手，亲身感受分类的魅力，拥有分类的智慧！

棋子归位

GAME 12
CHESS GETS BACK IN
POSITION

小小跳棋有六色，跳在一起
分不清，请你前来认一认，
挑出同色你最行！

请准备 · Prepare

* 一副跳棋。

* 一个可以装下所有跳棋棋子的盒子。

做一做 · Do it

1 请您提前将跳棋中的所有棋子取出，放进准备好的盒子里，轻轻晃动盒子，使所有颜色的棋子混合在一起。

2 把空棋盘和装有棋子的盒子分别拿到孩子面前。

3 请孩子按照您要求的颜色，把棋子从盒子中挑出来，放入棋盘对应颜色区域旁边的凹槽里。比如，您说"红色"，孩子就要把所有红色的棋子找出来，逐个放入棋盘红色区域旁边的凹槽里。

4 将六种颜色的棋子全部分类挑选放置好。

5 请孩子选择一种颜色的棋子开始，把它们依次从凹槽中取出，边数数边摆放在对应颜色的棋盘上。如此重复，直到把六种颜色的棋子全部摆在对应颜色的棋盘区域。

6 游戏结束，和孩子一起再把棋子分类收纳到棋盘凹槽里。

您还可以 · And also

1 将所有颜色的棋子混乱摆放在棋盘中间（就像陷入胶着状态的棋局一般），请孩子从中将同一颜色的棋子挑出，收纳到棋盘凹槽里，直到将棋盘上所有颜色的棋子分类收纳完毕。

2 准备几个纸箱或者塑料收纳箱，请孩子将他的玩具或玩偶按照不同的颜色标准分类装箱。比如红色的玩具或玩偶装一箱，绿色的玩具或玩偶另外装一箱。

3 准备几种水果或者水果模型，请孩子按照颜色标准分一分类。

4 洗好晾干的衣物在收叠时，请孩子试着按照不同颜色分堆摆放。

想对您说 · Words to you

在孩子认识并熟悉常见的几种颜色后，您可以逐渐指导、训练孩子玩这种分类游戏。一方面是巩固孩子已经学习到的颜色知识，加深孩子对几种常见颜色的记忆和理解，另一方面，是对孩子按照颜色分类能力的锻炼和提高。按照颜色分类，是分类游戏中相对简单容易和基础的一项操作。不断地游戏操作，可以强化孩子对颜色这一属性的认识，建立初步的元素集合概念。

另外，游戏中选择跳棋作为游戏道具，是看重了它在颜色分类方面的优势：它既拥有六种不同的颜色，也具有分类收纳的棋盘和凹槽。不仅可以帮助孩子做颜色分类游戏，还可以做一一对应的游戏。唯一的缺点就是棋子太小。家长需要密切注意孩子的举动，以免孩子误食棋子。若您实在不放心，建议您直接选用其他道具来进行颜色分类游戏。

游戏13

纸飞机

GAME 13
PAPER AIRCRAFT

小小纸飞机，载着童年的梦
想，飞向美好的未来。

请准备 · Prepare

* 几张长方形的纸。

做一做 · Do it

1　请您用一张纸折成纸飞机，在孩子面前放飞，以此来吸引孩子的注意力，激发孩子的兴趣。

2　让孩子把玩、放飞这只纸飞机。

3　在孩子把纸飞机放飞两三次后，问问孩子："你知道纸飞机是怎么做的吗？"接着向孩子提议："我来教你折纸飞机，然后咱们比一比谁的飞机飞得远，好吗？"

4　拿出两张纸（您和孩子一人一张），教孩子折纸飞机。您可以这样说："第一步，将纸像这样对折。对，你做得很好！第二步……"

5　纸飞机折好后，您和孩子需要分别将自己折的纸飞机放飞，比一比谁的纸飞机飞得远。

您还可以 · And also

1　和孩子用彩笔分别在自己折的纸飞机上，标记上为自己飞机命的名或者设计的图标。

2　教孩子折不同形状的纸飞机，比一比哪种形状的飞机更善于飞行。

3　教孩子用纸折其他形状，比如纸鹤、花朵、帆船、小兔子、纸
　盒等。

想对您说 · Words to you

　　纸飞机作为折纸中最经典的形式之一，也是许多人童年美好的回忆，甚至有许多人是通过纸飞机第一次接触折纸，享受折纸的乐趣。如果您也是这许多人中的一分子，那就请将纸飞机作为一种传承传递给您的孩子吧！如若不然也无妨，您可以将您擅长或学过的折纸技艺教给您的孩子，或者与孩子一起学习，感受折纸的魅力。

　　可以说，没有什么游戏比折纸需要的材料更少，却更加能够锻炼孩子的综合能力了。折纸能够锻炼孩子的手眼协调能力，一张张完整的纸经过孩子手下的翻转折叠，就变成一件件栩栩如生的作品，让人惊叹！折纸能够锻炼孩子的逻辑思维能力，因为折纸过程中若是折错一步，就无法完成最终的样式。折纸能够培养孩子的数学能力，因为折纸中包含着如对称、倍数、角度、平面、立体等多种数学知识，使孩子在折纸的过程中不知不觉就建立了数学思维。除此之外，折纸还能够培养孩子的耐心，增强孩子的记忆力，激发孩子的创造性。折纸的好处数不胜数！

剪纸艺术

GAME 14
PAPER-CUTTING ART

一把剪刀一张纸，用最简单可得的工具，让孩子体验剪纸艺术，学习对称的概念。

请准备 · Prepare

* 一些纸。
* 一把剪刀（可用儿童安全剪刀）。
* 一支铅笔。

做一做 · Do it

1. 拿出一张准备好的纸，请孩子对折。
2. 请孩子留意家长接下来的操作：沿着对折线，在纸上画一个简单的图形（比如半圆、上窄下胖的"3"字形、类似耳朵形的半颗心形等）。然后仍旧沿着对折线，将这个图形剪下来。
3. 将剪好的图形拿在手中，不要打开，请孩子猜一猜打开后会是什么图形。
4. 将剪好的图形打开，问问孩子为什么会出现这样的图形，之后向孩子简单讲解"对称"的概念。

您还可以 · And also

1. 和孩子一起，将一张纸对折后打开，用颜料笔在纸内折痕的一边画上图案，趁颜料未干，将纸沿之前的折痕再对折上，轻轻按压后再次打开，就得到了一个对称图案。

2 　请孩子在自己的身体上、生活用品以及大自然中，找一找对称图形，并请孩子试着说一说该图形是沿着哪条线对称的。

3 　请孩子对着镜子举起右手，看看镜子中的自己举起的是哪只手？并请孩子想一想为什么？

4 　待孩子熟悉纸张对折一次剪出来的图形后，将纸对折两次，请孩子画上图案并剪下来，看看这次会出现什么样的图形？

想对您说 · Words to you

剪纸是中华民族传统的民间艺术和技能，这项艺术中巧妙地运用了"对称"的概念，创作出了许多精美绝伦的图案。让孩子学习剪纸，不仅是对传统文化的学习和继承，也让孩子在剪纸的过程中，轻松愉快地学习到"对称"的数学概念。纸的折线就是对称轴，图形沿着这条折线呈对称分布，因而也叫作"轴对称图形"。所以找到对称轴是认识对称的一个关键。或许您可以直接向孩子解释说明这些数学概念，但更愿请您相信孩子，他会通过自己双手的实际操作，从成功和失败中慢慢学会思考和总结，认识到对称轴的重要性。这将有助于孩子提高自己解决问题的能力，促进想象力和抽象思维能力的发展。

游戏15

亲子画

GAME 15
PARENT-CHILD
PAINTING

这是一幅由您和孩子各自完成一半的画作，是只属于您和孩子、举世无双的"珍宝"。

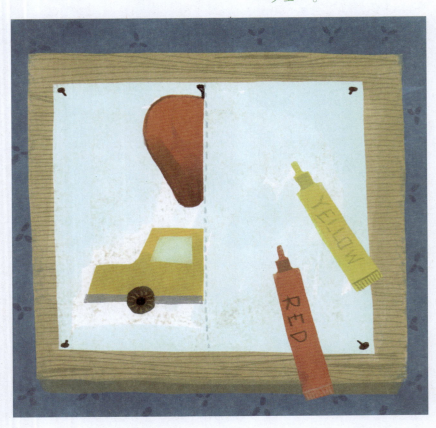

请准备 · Prepare

* 一张空白的美术纸。
* 彩色铅笔、水彩笔或蜡笔等作画工具。

做一做 · Do it

1 请您将美术纸对折，在其中的半张纸上，画出孩子熟悉的一样家中物品（或者孩子喜爱的一样水果）的一半。

2 将您完成了一半的画作拿给孩子看看，请他猜一猜您画的是什么。

3 告诉孩子您想画的内容，请孩子帮忙完成另一半图画。

4 和孩子一起欣赏你们合力完成的画作。与此同时，您可以提醒孩子在画另一半图案时要注意哪些细节和线索，以便下次进一步地提高自己。

5 为你们的画作命名，题写在画作一旁，并且落款签名，写上日期。

您还可以 · And also

1 直接告诉孩子你们要画的事物，然后由您和孩子各自完成一半的画作。

2 请孩子从画册上选一张简单好看的图片，然后对半剪开，将其中的半张粘贴在画纸上，再请孩子根据记忆画出另外一半。

3 和孩子一起完成创新画。比如您画一幅人物头像，孩子根据自己的想象画出下半部分的动物身体，比如狮子的身体，这样就完成了一幅"狮身人面像"。

想对您说 · Words to you

在这个游戏中，您想要孩子和您一起完成的图案可以是具有对称性的（比如左右对分的苹果），也可以是非对称性的（比如玩具汽车的头和尾），目的在于帮助孩子学会区分判断对称图形和非对称图形。在游戏的过程中，建议您不要将实物摆在孩子面前让孩子照着画，而是让孩子根据平时的观察和印象来作画。这就需要孩子不仅对对称图形和非对称图形有一定的认识，也需要孩子有细致的观察和缜密的思考，根据已知的内容找出线索进行合理的推断，还要有一定的想象力，才能完成好这个游戏。平时生活中让孩子多听、多看、多画、多思考，将会有助于他更好地参与和完成这个游戏。

也许您会对自己的绘画能力不自信，担心会影响孩子的判断，但是请放心，孩子天生就是抽象派画家，他的想象力和判断力超乎你的想象，没准儿您会得到令人惊喜的结果。即便不然，您也可以将此游戏的目的完全变成激发孩子的想象力，就像"您还可以"3 那样，同样也是对孩子思维力的锻炼和提高。

游戏16

四个小人手拉手

GAME 16
FOUR LITTLE PEOPLE
HOLD HANDS

你帮我来梳梳头，
我帮你来扣纽扣，
团结友爱手拉手，
我们都是好朋友。

请准备 · Prepare

* A4 纸。

* 剪刀。

* 记号笔或蜡笔。

* 彩纸。

做一做 · Do it

1　先教孩子在纸上画最简单的小人，小人有一个圆脑袋，两只胳膊和身子连在一起，下面画上两条腿，这就是最简单的小人了。

2　启发孩子思考："如何可以一下得到四个小人呢？"

3　取一张A4纸，将短边对折；沿对折后的折线，将A4纸裁成两半；取其中一半，将长边对折；将对折后的折纸，继续沿长边对折；在对折好的折纸上画上小人的形状；剪去小人周边多余的部分，注意头下方不要剪断。剪好后打开，因为折纸本是一张纸，中间是没有断开的，所以四个小人手拉手就剪成了。

4　之后可以和孩子一起，给每个小人添上五官，画上不同的表情。

您还可以 · And also

1 启发孩子，如何剪出更多个小人手拉手。用更长的纸，折更多次。

2 如何给小人直接剪出表情呢？实现这一点，您可以和孩子一起到百度上搜索。

3 过节时，还可以用这种方法来剪拉花，布置家居。

想对您说 · Words to you

这个游戏教孩子认识对称原理和对称效应。一个事物同时存在于相连的两个领域中，如果这一事物的中心线两侧能够完全重合，那么我们就可以将这一中心线看作是对称轴，它的两侧发生对称效应。

四个小人手拉手是简单的对称效应，在"您还可以"2中，可以让孩子观察，原来人体本身就存在对称效应。两只眼睛、两只耳朵、两只胳膊、两条腿，鼻子和嘴也是左右对称的。从而让孩子更了解人体的对称性。

在教孩子剪小人的过程中，孩子可能失败，比如，把小人脑袋剪断了，画的小人无法剪成等等。此时要鼓励孩子，在试错中积累经验，了解一件东西的制作过程，这可以丰富他克服困难的经验，体会学习的乐趣。

这类手工游戏，需要用到剪刀，所以家长一定要陪孩子一起剪，最好用儿童专用的小剪刀，确保安全。

游戏17

穿项链

GAME 17
MAKE A
NECKLACE

菲比要送给外婆一串扣子项链，一颗红扣子，一颗蓝扣子，两颗黄扣子，三颗绿扣子……穿出一串美丽的项链，挂在外婆颈上亮晶晶！

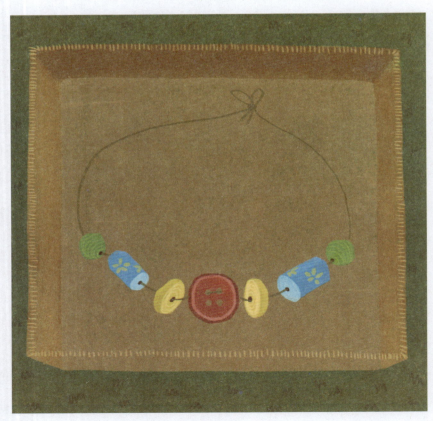

请准备 · Prepare

* 形状各异、大小不一的纽扣。
* 针线。
* 剪刀。

做一做 · Do it

1 告诉孩子，你们要一起做一条扣子项链。给孩子装扣子的盒子，让他在其中挑选自己想要做项链的扣子。

2 您在一旁引导："项链是中间粗两边细的，我们要挑一颗最大最美丽的扣子，放在中间。"

3 挑好最中间的扣子后，和孩子一起，将他挑选出来的扣子按大小排列起来，你可以说"这颗比较大，它可以放在哪儿"或"这一颗要移动到哪里"

4 排列好后，将扣子从大扣子起左一颗右一颗地排列在最大扣子的两侧，注意颜色搭配，不同的颜色穿插使用。

5 排好扣子后，将线穿在针上，让孩子把扣子穿起来。一条扣子项链就完成了。

您还可以 · And also

1. 让孩子打乱扣子的顺序，随意挑选扣子，排列扣子，只要他觉得好看，穿出自己喜欢的项链。

2. 还可以让孩子用扣子创作不同的作品，比如用扣子拼一幅画，给枕头上点缀上扣子等等。然后让他讲讲自己所创作的作品有什么寓意。

3. 让孩子给玩具小熊的衣服缝扣子，看他要缝多少扣子，是否和扣眼一一对应。

想对您说 · Words to you

主游戏训练孩子对对称性的掌握，自然世界中有很多对称的东西，人体是对称的，花朵是对称的，松树是对称的，对称具有一定的美感，是被自然赋予的美感。孩子在运用对称原理来进行创作时，需要观察物体的形状和大小，培养孩子的观察能力，同时增强他对对称性的理解。

"您还可以" 1 中，让孩子变换思路，项链可以不都是一个形状，让他开动脑筋，去创作属于自己的扣子项链。开发他的想象力和创造力。

扣子多种多样，扣子的颜色、大小、形状、材质、花纹也都不同，因此，扣子是让孩子使用的很好的基础材料。根据扣子的特性来创作作品，让孩子体会创作的乐趣，也在游戏过程中学习如何对事物进行比较、选择。

第四章
数 学 的 奥 秘

当孩子叫出一个数时，这个数就像是一个具体的物体那样存在着，就像是一个数与实物相结合的联合体。

——玛利亚·蒙台梭利

游戏1

认识 "1和许多"

GAME 1
KNOW "1 AND MANY"

夏天来了，知了叫了，
一棵高高的大树上，
长着许多绿油油的叶子。

请准备 · Prepare

* 一个苹果。
* 一个玩偶娃娃。
* 一些书。
* 一些儿童画笔。

做一做 · Do it

1. 把准备好的苹果和玩偶娃娃摆在孩子面前，请孩子认一认这两样物品，并说出它们的名称。带领孩子加上"一个"再说一说。比如："一个苹果""一个娃娃"。然后带领孩子总结："它们都是一个。"

2. 把准备好的书和画笔也摆出来，用同样的方法，请孩子认一认这两样物品，并加上"许多"来说一说它们的名称。然后带领孩子总结："它们都有许多个。"

3. 请孩子拿上苹果，指引他说"我有一个苹果"，家长则拿着所有书说"我有许多书"。

4. 交替变更你和孩子手中的物品，用"一个"和"许多"分别说一说自己有什么。

5. 将这4种物品任意摆放，请孩子说一说哪些物品是"一个"，哪些物品是"许多"。

您还可以 · And also

1 请孩子用画笔画出一个苹果和一些书，以此巩固加深孩子的印象和理解。

2 使用一种物品，将它分为"1"个和"许多"个，帮助孩子来认识。比如可以将主题游戏中的那些画笔分为"1"支画笔和"许多"支画笔，再带领孩子来认一认，说一说。

3 带领孩子在自己的身体上、屋内或室外找一找，哪样东西是一个？哪样东西有许多个。比如一张嘴，许多手指；一张桌子，许多椅子；一棵树，许多叶子等。

想对您说 · Words to you

孩子来到这个世界上，对一切都充满了未知和好奇，家长对孩子不仅担负着抚养的责任，而且还应具备教导的义务。孩子对于数学的基础认知和学习就来自家长的教导。

孩子的学习能力和认知能力，都是由低到高、由简单到复杂的，数学学习也不例外。对于0—3岁的孩子来说，他还处于感知数学的初步阶段。在这一阶段，一般的孩子还不太容易辨别3个以上的物体，但是能够比较容易地将它们笼统归为"许多"。而"1"作为最小的正整数，也是孩子认识的第一个非零自然数。所以，通过这个游戏，可以帮助孩子认识"1"和"许多"，初步理解少数和多数的关系，有利于孩子数学基础和数学能力的建立和发展。

游戏2

数字歌

1像筷子来吃饭，2像鸭子水中游，3像耳朵会听话，4像小旗随风飘，5像衣钩墙上挂，6像豆芽开心笑，7像镰刀割小麦，8像葫芦上下圆，9像勺子能盛饭，0像鸡蛋做蛋糕。

请准备 · Prepare

*一根筷子、一面小旗、一个衣钩、一棵豆芽、一个葫芦、一把饭勺、一个熟鸡蛋。

*鸭子、镰刀的图片。

*45 枚同样币值的硬币。

*装物品的盒子和装硬币的袋子。

*纸和笔。

做一做 · Do it

1 逐句教孩子《数字歌》，如教"1像筷子来吃饭"时，拿出一根筷子，让孩子观察它的形状，让孩子拿筷子仔细观察一下，体会一下它的形状和手感。

2 根据所观察的，在纸上写出1，你在一旁指导。

3 把筷子摆在桌面上，旁边放上1枚硬币。

4 接着教"2像鸭子水中游"，重复以上步骤。一直教到"0"，"0"对应的硬币数是没有。只要孩子有兴趣并能够把数字和数量一一对应，游戏就能继续下去。

您还可以 · And also

1 单独抽出一句儿歌，让孩子来找对应的物品和数字，锻炼孩子对数字掌握的熟练程度。

2 除了儿歌中所唱的物品，让孩子在家中找找0—9这些数字还和家中的什么物品相像。

3 和孩子聊聊不同数字所代表的不同的硬币数，这说明了什么。

想对您说 · Words to you

这个游戏教孩子认识自然数。0，1，2，3，4……表示自然数，是我们生活中用来计量事物的件数或表示事物次序的数。自然数拥有有序性，因此，在学习时需要按照从1—9的顺序数下去，0代表一个也没有。自然数是生活中能够真实接触到的物体的数量，和生活息息相关。婴幼儿对"1""2""3""4"比较熟悉，因为它们经常出现在幼小孩子的视野里，如狗有4条腿，人有2条腿。

这一游戏还锻炼了孩子的想象力，将具象的物体抽象成数字，再用抽象的数字寻找具象的物体。

将不同数量的硬币放在不同数的旁边，使孩子了解不同数字代表的不同数量，从而使他们对单位有一定的认识。数学是生活中的科学，要在生活中认识，当孩子能够在生活中清楚地计数时，他就真正认识了数字。

游戏3

一二三四五

GAME 3
ONE, TWO, THREE,
FOUR, FIVE

一二三四五，上山打老虎。
老虎没打到，打到小松鼠。
松鼠有几只？让我数一数。
数去又数来，一二三四五。

请准备 · Prepare

* 适合孩子吃的，又能数数的零食，如旺仔小馒头、小苹果、葡萄、小饼干等。
* 圆形容器（不易磕碰到孩子）。

做一做 · Do it

1. 先教孩子唱《一二三四五》的儿歌，让他能知道要怎么数1—5。
2. 把零食放在圆形容器中，摆在桌上，你和孩子在桌旁坐好。
3. 说1—3中任意一个数字，让他到圆形容器中拿出相应数量的零食。孩子刚开始可能不会拿，您要示范给他，教他一边数数一边拿。如要拿出3颗葡萄，您可以边往外拿边说："这是1颗葡萄，2颗葡萄，3颗葡萄。"
4. 接着让孩子再拿2颗，问他现在一共有多少颗。孩子不会加法，你要陪着他把自己手里的零食数量数清楚。
5. 然后反过来，让孩子说1—5中任意的数字，你在圆形容器中拿出相应数字的零食，一边拿，一边数。
6. 和孩子交替做这样的游戏，可以在后几轮中告诉孩子："宝贝可以吃掉手中的葡萄了。"当他吃掉2颗的时候，你可以问他"宝贝吃掉几个了""宝贝手里还有几个"。

您还可以 · And also

1 当全家人围坐在一起吃饭的时候，让孩子给家人分糖，最开始可以每人1块糖，问孩子需要几块糖，然后让他下去分糖，让他看自己开始时说得对不对。

2 随着孩子不断长大，您可以提高游戏的难度，增加数数的范围，如0—1岁数1—5，1—2岁数1—20，2—3岁数1—100。

想对您说 · Words to you

这个游戏可以作为日常的游戏，随时进行。如在你洗完水果，邀请孩子来吃时，就可以和他做这个游戏。这个游戏可以训练孩子数 100 以内的数，计算 100 以内的加减法，学习分组，认识奇数偶数等，小游戏，大用处。

儿歌朗朗上口，孩子易于识记。用儿歌来训练孩子数数，可以使孩子掌握数字的发音和顺序。

很多家长会认为，孩子在嘴上会从 1 数到 100 就可以了。其实，只会口头数数并不代表孩子会在生活中应用数数的知识。只有他可以在生活中很熟练地用数字来点数，知道每个数字代表的数量，才是学会数数了。

孩子在婴儿阶段，不能区分自己和母亲，把他们看作一体，这就是"1"；当孩子在镜子中发现了自己，并知道自己和母亲不是一体时，他认识了"2"；3 以后的数字，家长可以在生活中对孩子做提示，这也是对孩子的早期教育。

游戏4

最后一颗糖

GAME 4
THE LAST SUGAR

怎样才能拿到最后一颗糖果，
你得动动脑，好好想一想！

153

请准备 · Prepare

* 一些有糖纸包装的糖果（10 颗左右）。
* 桌子或茶几等平面物体

做一做 · Do it

1 将准备好的所有糖果随意散放在桌面上。
2 向孩子讲解游戏规则：家长和孩子轮流拿糖果，每人每次最多拿 2 颗糖果，也就是说可以一次拿 1 颗糖果，也可以一次拿 2 颗糖果，直到最后一颗糖果被谁拿走，谁就是赢家。
3 依照规则开始玩游戏。
4 直到最后一颗糖果被拿走，赢家产生，游戏结束。
5 更换首发玩家，再次开始游戏。（即第一次是从家长开始游戏的，那么这一次换孩子先开始游戏。）

您还可以 · And also

1 游戏采取 3 局 2 胜制，胜利的人可以得到 1 颗糖果的奖励。
2 将糖果换成水果（如蓝莓、橘子、葡萄等）、石头、蜡笔等孩子感兴趣的物品。
3 增加或减少糖果的数量，再与孩子玩一玩。

想对您说 · Words to you

通过这个游戏，可以帮助孩子进一步认识数量关系，掌握简单的加减运算。孩子在不断的游戏过程中会逐渐发现，一个大一点的数字可以分解成一些小一点的数字，而且可以有多种组合方式。正是因为这个原因，游戏才变得更加有趣、令人着迷。想要得到最后一颗糖果，就需要动脑思考、制定策略，采取不同的数字组合。这无论对于孩子还是大人，都是一个脑力激荡、提高思维能力的过程。

另外，您可能注意到了，这个游戏存在竞争的元素。孩子如何面对输赢的结果，取决于家长日常的态度和引导。家长若是在平时游戏中表现出极强的求胜欲，那么孩子也无法接受失败的结果；家长若是面对失败能够坦然接受，甚至乐观承担失败的后果，那么孩子也会受到潜移默化的影响，不惧怕失败；家长若是只重视游戏的过程，积极努力地去参与，而不在意游戏的输赢，这种理念传递给孩子，也会影响到孩子，帮助他树立正面的人生观。总之，除去孩子天生的本性，家长的教育和表现都对孩子品格的塑造起着至关重要的影响和作用！

游戏5

大牌"吃"小牌

GAME 5
BIG "EAT"
SMALL CARDS

奇怪了，扑克牌没有嘴巴，
怎么能吃牌呢？

请准备 · Prepare

* 一副扑克牌（或者 1—10 的数字卡片）。

做一做 · Do it

1. 请您和孩子一起，将一副扑克牌中牌面数字为1—10的四色牌全部挑选出来。

2. 请您和孩子面对面坐好，并对孩子说："我们来玩大牌'吃'小牌的游戏吧！"

3. 将挑选好的所有扑克牌进行洗牌，同时保持牌面朝下。

4. 给您和孩子的面前一张一张地轮流发牌，直到将所有牌全部发完。（这一步您也可以请孩子来发牌。）

5. 请您和孩子分别将自己面前得到的扑克牌整理成一摞。

6. 您和孩子分别从各自面前的扑克牌摞中，按照从上到下的顺序，拿出一张牌来。

7. 拿出牌的同时将牌面翻转，使牌面朝上。

8. 根据各自出的牌，比较牌面的数字大小。数字大的一方将"吃"掉小的一方的这张牌，也就是两张牌同时归数字大的一方所有。如果双方牌面数字一样大，那么各自的牌仍旧归各自所有。

9. 将得到的牌放在身体的一边，继续进行下一轮的比较，直到各自面前的牌都比较完。

10. 最后数一数各自身边"吃"到的牌，谁"吃"到的牌多谁就是赢家。

157

您还可以 · And also

1　待孩子能够熟练比较两个数字的大小后，邀请一位或两位家庭成员加入游戏，比较三个或四个数字的大小，数字最大的将"吃"掉所有比它小的牌。

2　反过来，比较谁的牌面小，小的一方"吃"掉大的一方的牌，发展孩子的逆向思维。

3　将1—10的数字写在20张左右的小纸片上，然后将所有纸片揉成团，放入一个一面开口的纸盒中，您和孩子每人每次抽一个纸团，打开后请孩子根据纸团上的数字，比一比大小。您可以借鉴"吃牌"的游戏规则，最后看看谁身边"吃"到的纸团多，来增加游戏的趣味性，提高孩子参与的积极性。

想对您说 · Words to you

这个游戏利用了身边随处可见的扑克牌，来帮助孩子学习和掌握数字大小的比较。在孩子学习了1—10的数字后，不可避免地要教导孩子认识数字的大小。这时如果选用实物作为游戏教学道具，那么孩子可能会将"多少"与"大小"相混淆，所以实物道具并不是孩子一开始认识数字大小的最佳选择。因而，这也是这个游戏选择扑克牌或数字卡片的原因，它们的优势就是可以使孩子直观地通过数字形象来认识数字的大小，而且不乏趣味性，通过一轮接一轮的游戏，帮助孩子快速地掌握数字的大小。

游戏6

数字区间

GAME 6
FIGURE INTERVAL

比 5 大 比 7 小 的 数
是 多 少 ？

请准备 · Prepare

* 数字为 1—10 的卡片各一张。

做一做 · Do it

1　将数字卡片按照从1—10的顺序依次排开。

2　请孩子按照顺序认一认，读一读。

3　您来说一个数字，请孩子选出所有比这个数字大（或小）的卡片。比如您说"比5大的数"，孩子就要将字面为6—10的卡片都挑出来。

4　在孩子挑出来的卡片中，您再说一个数字，请孩子在这些卡牌中选出比这个数字大（或小）的卡片。比如您说"比7小的数"，孩子就要将字面为6的卡片挑出来。

5　帮助孩子回顾两次动作及确认最后留下的卡片，使孩子初步认识区间的概念。比如"6是比5大比7小的数"。

6　这一轮游戏结束，重新摆放卡片开始下一轮，同时变换身份，改请孩子来发出指令，您来执行。最后仍由您来帮助孩子梳理总结。

7　游戏可如此轮流交换身份进行，直到孩子不想玩时结束游戏。

您还可以 · And also

1　根据孩子的实际情况，酌情增减卡片数字。比如孩子只认识1—5的数字和大小，您就用字面为1—5的卡片来进行游戏。

2　在孩子熟练掌握后，可逐渐适当增加最终的数字的区间，比如"6和7都是比5大比8小的数"等。

想对您说 · Words to you

　　集合区间是数学中经常出现、使用频率较高的一个概念。这个游戏的目的就是帮助孩子初步了解数字区间的概念，建立区间的意识。当然，这个游戏需要孩子认识一定的数字，能够比较数字之间的大小，在这两点的基础上才能够开展进行。游戏中身份的互换，能够使孩子学会有效地运用思维和行动两方面能力，并且能够自如地转换这两方面的能力。

　　通过这个游戏的反复操练，孩子会直观形象地认识到"6是比5大比7小的数字"，因为6是通过游戏中两次比较剩下来的数字，是区间选择的结果。反之，孩子也会发现"比7大比5小的数字"是不存在的，这也是通过游戏得到的直观答案。这样一来，孩子能够逐渐分辨认识有交集和没有交集的情况，提高发展他的数学思维能力，为他将来的数学学习打下良好的基础。

游戏7

小猫在干啥

GAME 7
WHAT'S THE CAT
DOING

"小猫在家吗？" "小猫去钓鱼啦！" "小猫在家吗？" "小猫在家画画呢！"

请准备 · Prepare

* 一副扑克牌。

做一做 · Do it

1 先确定孩子能数到8以上。

2 选出A（A为1）到孩子能数到的数字，J为11、Q为12、K为13。

3 将扑克牌一分为二，给孩子一份、大人一份，扑克牌背面朝上，不能看牌。

4 每人翻开一张牌，如果两张牌数字相同，把牌弃掉再各自翻开一张牌，是两张牌组成一个数字区间，比如两张牌为3和9，数字区间为3—9（小猫的家）。

5 让孩子或者大人再翻开一张牌，并向对方问小猫在家吗？如果翻开的数字不在数字区间内，应该回答小猫出去钓鱼了；如果翻开的数字正好等于数字区间的两个数，如等于较小的数字，应该回答小猫在前院种鱼，如等于较大的数字，应该回答小猫在后院种鱼；如果翻开的数字正好在3和9之间，应该回答小猫在家画画。

6 大人和孩子轮流翻牌提问对方"小猫在家吗"。游戏进行几轮后可以将区间换掉，按照"做一做"4的方法做即可。

163

您还可以 · And also

1 将小猫替换成孩子或大人喜欢的小动物或者人物。

2 将小猫出去做的事，在家前后院以及出去做的事情替换成其他。

3 将小猫种鱼的故事讲给孩子听，和孩子一起分享寓意。

4 可以用硬纸板制作数字牌，数字可以扩展到孩子能数到的任何数字。

想对您说 · Words to you

这个游戏颇具趣味性，可以吸引孩子积极参加到游戏中，以此来巩固孩子对数数字的熟练程度，操练孩子对数字的顺序以及大小的敏感程度，让孩子在游戏中喜欢上数字，为今后数字学习打好基础。

这个游戏还可以充分发挥孩子的想象空间，小猫可以做任何想做的事情，这同样反映出孩子所熟悉和所要做的事情。

大人可以刻意说一些孩子没做过的事情，孩子不明白会问这件事情是什么，大人可以借此对孩子解释，可以的话还可以带着孩子一起来做这件事，不仅增加了孩子的阅历，还能锻炼孩子的行动能力。

大人亦可头脑风暴一下，像本文中的《小猫种鱼》的故事，您可以自己开发出不同的故事，同时可以引导孩子讲他自己的故事。

趣味多多，益处多多，您还在等什么，带着孩子玩起来吧！

游戏8

心中有数

GAME 8
YOU KNOW WHAT

虽然我们不是魔术师，但是只要3个问题，我们就同样能够做到心中有数，猜中对方本子里写的数字。

蒙氏教育在身边——塑造孩子思维力的 60 个亲子游戏

Montessori's Education is around

请准备 · Prepare

* 2 个本子。
* 2 支笔。

做一做 · Do it

1. 您和孩子一人分发一个本子和一支笔，然后各自在自己的本子里写上一个10以内的数字。（注意要保密，不要让对方知道自己写了什么！）

2. 合上本子，您和孩子面对面坐好，将各自的本子放在自己面前。

3. 您和孩子轮流提出3个问题来猜测对方本子里写的数字，对方只能用"是"和"不是"来回答。比如您问"你的数字比5大吗"，孩子就要根据他写的来回答"是"或者"不是"。孩子若是问"我的牌面是几"，这样的问题属于无效问题，但仍旧算一次提问机会。

4. 各自问完3个问题后，根据问答结果，您和孩子需要做出判断，说出对方本子里写的数字。

5. 回答正确的人将得到对方撕下的数字纸张，算作积1分，回答错误的人无所得也不扣分。

6. 接着开始下一局游戏，直到5局后游戏结束，各人根据身边的纸张数量算一算各自的积分。

您还可以 · And also

1 根据孩子的情况酌情增减游戏指定的数字区间。比如，您可以选择1—6的数字区间，也可以选择1—12（或以上）的数字区间。

2 您可以灵活运用游戏最后的积分制定赏罚规则。比如，您可以规定积分少的人表演一个节目等。

想对您说 · Words to you

这是一个对孩子来说有些难度的游戏，但也不乏挑战性和趣味性。在孩子能够熟练比较数字的大小后，您不妨试着和孩子一起做一做这个游戏。这个游戏不仅深化了孩子对数字大小的认识，由直观比较进阶为思考判断，同时也在一定程度上有助于孩子对数字区间的认识和理解。提问环节是整个游戏的关键，通过这一环节中孩子的提问，您可以了解他的思维方式。孩子是直接猜数字，还是通过"比5大（或小）吗"这样的问题来缩小范围，提高正确率。在您和孩子一起游戏的过程中，孩子也会慢慢发现用什么样的问题更容易接近正确答案，而您则会为孩子起到示范和榜样作用。

数学中有许多涉及到区间和推测、判断等方面的内容，这个游戏的操练将会对孩子未来在这些方面的学习有所助益。

游戏9

掷骰子做家务

GAME 9
ROLLING THE DICE TO DO
THE HOUSEWORK

掷骰子，看谁的点数大，大点减小点，余数查图表。

请准备 · Prepare

* 一块 0.9×0.6 米的棉布。
* 蓬松棉。
* 大块不干胶。
* 幼儿串珠算盘一个。
* 纸、笔。

做一做 · Do it

1. 先要确定孩子能数到12。
2. 将0.9×0.6米的棉布裁成0.3×0.3米的小方块6块，将这6块棉布缝成一个正方体，一面开口，将蓬松棉塞进去。
3. 用粗的彩色笔在不干胶上写好1—6的数字，这些数字要能刚好贴在正方体的每个面上。从不干胶上减下数字，贴在正方体上，一个六面骰子就做好了。
4. 在一张白纸上写好12项简单家务，如帮爸爸擦一双鞋，给小花浇水，把小被子晒在阳光下等。
5. 第一轮，和孩子分别掷骰子，谁掷的点数小，谁要做家务，如果所掷点数相同，再掷一次。
6. 让孩子在串珠算盘上拨出大点数，大点数减去小点数的得数就是家务清单上的那一项。

您还可以 · And also

1　可以用骰子来做其他游戏，比如，家中有几个人，一件事不知谁来做时，用掷骰子的方式来决定。

2　串珠算盘还可以用其他可数的物品代替，如多颗葡萄、一些扣子等。只要能计数就可以。

想对您说 · Words to you

这个游戏可以让孩子知道，数字可以随意组合，增加或减少，就会得出不同的结果。数和数学是有规律的科学，让孩子在实际生活中接触数学，就不会让他们觉得数学是存在于生活之外的纯科学，而会认为数学是真实可感的，可实际应用的，从而增加他们的学习兴趣，在生活中激发创造力。

掌握这个游戏之后，孩子对于加和减会有一个初步认识，加就是把本来没有的添上去，减就是在原有数量中去掉一部分，正确运用加减是孩子在幼儿时期需要掌握的技能。

在游戏中做家务，培养孩子对家庭的责任感，在安排家务时，家长要注意给他们力所能及的工作，不要超过他们的承受范围；同时，安排好的家务也一定要完成，不要让规则成为空谈。

游戏10

小动物的家

GAME 10
LITTLE ANIMAL'S
HOME

森林中住着许多小动物，热情好客的它们邀请我们去它们的家中做客。

请准备 · Prepare

﹡四个一面敞口的纸盒或纸箱（形状和大小可以不同）。

﹡四种不同动物的图片、玩偶或模型。

﹡记号笔或水彩笔。

﹡一块拱形积木。

﹡准备工作：在与纸盒（或纸箱）敞口面相邻的一面，分别用笔写上 "1" "2" "3" "4"。

做一做 · Do it

1 将四个纸盒横向排成一排，有数字标记的一面朝上。

2 将四种不同动物的图片分别放入每一个纸盒内。

3 将拱形积木放在纸盒横排的最左边，当作进入森林的大门。

4 带领孩子从"森林大门"进入，逐一去拜访小动物的家。您可以这样说："我们来看看进入森林大门后，第一家住的是哪种小动物？"然后请孩子看一看纸盒里的动物图片，大声地说出动物的名称。然后您需要继续引导孩子说："接下来我们看看进入森林大门后，第二家住的是哪种小动物？"如此带领孩子逐个去拜访。

5 拜访完成后，您可以向孩子提出诸如"小猫住在第几家"这样的问题，请孩子来回答。（注意需要引导孩子在回答中一定要用上"第"字。）

您还可以 · And also

1　将其中一个纸盒内的动物图片取出，摆在纸盒外面，问问孩子："第几家的房子是空的？"并请孩子回答。

2　待孩子熟悉一排的序数后，逐渐增加排数（可以不用纸盒，只用玩具或玩偶），请孩子找一找对应的物品。比如，您可以说："第二排，从左往右数第三个东西是什么？"

3　请孩子留意生活中用到"第"字表示顺序的情况，并请他说一说。

想对您说 · Words to you

在孩子熟练掌握 1—5 的数字以及顺序的概念后，您可以和孩子一起玩这个游戏，使孩子了解序数这一新概念。序数是和基数相对的概念，通过游戏和日常生活中的所见所闻，孩子会很轻易地发现，表示顺序的数字前，通常都有一个"第"字。在孩子初步掌握序数的概念后，您需要更进一步向孩子说明方向顺序与序数的关系。比如，这个游戏中，若是将拱形积木分别放在纸盒横排的最左边和最右边，第 3 家的小动物是完全不同的。孩子会通过游戏认识到这一点，同时引发孩子的思考，这时您的提点和说明将使孩子更加容易理解序数与参照物的关系。此外，有些孩子在刚刚接触序数的概念时，常常容易与基数混淆，这种情况需要您在生活中提醒孩子多留意会用到序数和基数的不同情况，加以分别。

游戏11

幸福小店开业喽

GAME 11
HAPPY LITTLE SHOP
IS OPEN

水果、蔬菜和玩具，我的店里全都有，快把零钱准备好，马上购物送礼品。

请准备 · Prepare

　　*一张长桌。

　　*一些数字卡。

　　*一些游戏币。

　　*各种水果道具、蔬菜道具、毛绒玩具（如果家里没有塑料道具，可以考虑准备适当的真蔬菜和水果）。

　　*一个购物袋（可以用筐子、篮子、盒子或书包代替）。

　　*一架电子秤（可以用宝宝的体重秤代替）。

　　*一件围裙。

做一做 · Do it

1　带孩子去菜市场购物（最好不要选择自选超市），和孩子一同完成挑选、讨价还价和付款等购物过程。

2　和孩子认一认道具钱币："哪个是1块钱？""哪个是5块钱？"

3　在家中将玩具、水果等"商品"放到长桌上，和孩子一起为这些商品标注价格。

4　和孩子一起开一个小店，给小店取个名字，比如"幸福小店"。给孩子系上围裙，请他来做小老板。"你好，老板。我要一个两元钱的苹果。"等待孩子寻找到对应商品，并且付钱给孩子。

5　再次来购物，这回要两种不同的商品，并且不讲商品的价格。等待孩子找到商品，计算价格。

您还可以 · And also

1　把小店变成餐馆，为"幸福小馆"设计一份菜谱，为菜谱定价，选购需要用的"食材"和"餐具"。

2　和孩子讨价还价。

3　设计一次"跳蚤市场"的活动，为自己不玩的玩具、穿小了的衣服和儿童书定价，邀请有小宝宝的朋友、邻居和亲戚来购物。

想对您说 · Words to you

孩子从有付款购物的意识，到真的认识钱币，并使用钱币购物，是一个长期的过程。所以，不要期许孩子一开始就可以清楚应该买什么和应该付多少钱，先从"买东西要付钱"这个意识开始，逐渐增加"找零""称重""讨价还价"等概念。

记得在与孩子的游戏过程中，不要表现出"对购物不假思索，见什么买什么"的态度，要"考虑一下，需要什么"。理性购物的意识是要从孩子小的时候就开始培养的。

在找零和购买多种商品的时候会涉及到计算的问题，如果孩子还没有计算能力可以通过分解的方式来解决，比如，一个苹果五元钱，买了三个苹果，就分三次付五元钱给孩子。

游戏12

商贸大街

GAME 12
COMMERCIAL STREET

这个游戏需要几个小朋友一
起来玩，开一家店，买一样
东西，去银行存钱。

请准备 · Prepare

* 每个孩子分头准备自己开店需要的东西，可以由他们的父母帮助准备。

* 一角、五角、一元硬币若干。

* 纸、笔。

做一做 · Do it

1. 先让孩子们观察大街上都有什么店，确定你们的"商贸大街"上都开什么店，如要开服装店、零食店、饭店、银行。

2. 确定每个人都扮演什么角色，有人当店主，有人当银行柜员，有人当顾客。

3. 店主和银行柜员要回家准备店内用到的东西。如，一个孩子要开服装店，他要回家准备一些自己的小衣服和衣架，把衣服挂在自己的店里。

4. 你要和孩子们一起来认识硬币，告诉孩子硬币要如何使用，五枚一角硬币，可以兑换一枚五角硬币，一枚一元硬币可以兑换两枚五角硬币或十枚一角硬币。

5. 让孩子给自己出售的物品定价，比如，一件小衣服要五角钱。

6. 分给顾客、店主和银行柜员一些硬币和支票。支票面额为五元，用于银行兑换钱币。

7. 顾客用硬币去店主处买东西，当钱不够时，顾客可以去银行取钱；店主赚钱，当赚到五元钱时，可以去银行将硬币兑换成支票。

您还可以 · And also

1　领孩子去现实中的银行开一个账户，让孩子学习攒钱，可以把日用的零花钱攒起来，当攒到100元的时候，到银行存起来。

2　游戏结束后，让每个孩子算算自己的开销，赚了多少钱，花了多少钱。

想对您说 · Words to you

在这个游戏中，孩子们可以学习如何使用硬币，了解50以大数的加减法和货币制度。同时，这是一个职业体验游戏，在游戏中，孩子可以体会每一种职业所经营的事务，也会理解每种职业要担负的责任。

在买卖的过程中，孩子可以学到许多东西，比如，如何定价，如何与人交易物品，如何到银行去存取钱。在"您还可以"1中，他们还会渐渐学会理财，知道如何规划自己的钱财。

游戏13

小测量家

GAME 13
LITTLE SURVEYOR

每个人的心中都
有一把尺子。

请准备 · Prepare

* 一根绳子。
* 一把米尺或卷尺。
* 可测量的物体（比如桌子）或空间。

做一做 · Do it

1. 引领孩子来到您准备需要测量的物体前或空间中。
2. 在开始测量之前，您可以问问孩子："从床头走到床尾能走多少步？"或者"这张桌子有几掌宽？"请孩子想一想，估算一下。
3. 请孩子用自己的手或者脚亲自去测量一下。看看实际测量结果是多少。
4. 同样的距离，家长用与孩子同样的方法去测量，和孩子谈谈结果，引发他的思考。比如："为什么妈妈走的步数少？"
5. 给孩子一根绳子或一把尺子，请他再量一量刚才的距离，看看他又有什么发现？

您还可以 · And also

1. 请孩子同样用手和脚去测一测其他物体或空间的长度，并且比一比长短。

2 请孩子想一想，还有哪些物品可以当作测量工具？并请他用这样物品测一测。

3 给孩子讲讲标准长度单位：厘米、米等。

4 和孩子一起制作一把专属测量尺。比如，您可以准备一条硬卡纸，以纸的一端为刻度"0"，请孩子将他的食指端处与纸端对齐，指尖落在纸上的位置处画一条短线，标记为刻度"1"，再将孩子的食指端处对齐刻度"1"的横线，指尖落处标记为刻度"2"。以此类推，标记完整条卡纸，就得到了孩子专属的"食指尺"。

想对您说 · Words to you

对于3—5岁的孩子来说，应该能够容易理解和比较两样物体的长短，但是说一样物体或一段距离长多少厘米或者多少米，孩子就不容易理解了，因为这属于度量衡的概念，是更深一步的数学知识。

在这个游戏中，孩子能够用自己手和脚的亲身实践，去测量自己平时熟悉的物体和空间，帮助孩子在有趣的游戏中建立度量衡的概念，训练孩子的数学度量能力。对于初次接触测量的孩子，您可以给孩子示范或指导如何用手和脚进行测量，比如，用脚测的话，每一步测量时，前面一只脚的脚跟需要与后面一只脚的脚尖紧紧挨在一起，这样测量才比较准确。在孩子用自己身体度量的同时，也起到了锻炼孩子肢体协调性的作用。

除此之外，使用不同的测量工具，可以帮助孩子明白长度单位并不是唯一的，可以随着需求和环境灵活地创造和使用，这也发展了孩子的观察思考力和想象力，以及动手操作的能力。

游戏14

跨大步

GAME 14
STRIDING

经典游戏的创
新玩法。

请准备 · Prepare

* 一小片平整的室外空地或一个无障碍物且容得下所有孩子的室内空间。

* 画出（或指定）起始线和终点线。

* 笔和几片纸张（纸张的数量至少得与孩子人数相等）。

做一做 · Do it

1 将"跨大步""小步走""大跳""小跳"等步法随意写在纸上，直到每张纸上都写有一种步法，然后将纸张折叠或揉成团，把纸上的字隐藏起来。

（跨大步——两腿尽可能大地迈开一步，然后并拢双腿。

小步走——脚跟挨脚尖地走一步，然后并拢双腿。

大跳——双脚并拢，双臂下摆带动身体半蹲使劲向外跳出。

小跳——双脚并拢起跳，不摆臂，跳出的步子小一些。）

2 所有孩子每人抽取一张纸（团），将纸打开，读出里面的内容。

3 所有孩子以"剪刀、石头、布"的方式决定游戏的出发顺序。

4 所有孩子站在起始线处，按照上一步决定的出发顺序出发，出发的形式则以抽到的内容为准。即一开始抽到了"跨大步"，那么游戏全程都要用"跨大步"的形式完成。

5 每个孩子按照自己的方式完成一步后，再以"剪刀、石头、布"的方式决出下一步的出发顺序。以此类推，直到所有孩子到达终点线。

您还可以 · And also

1 不用抽签的方式，而是在游戏开始时指定一种步法，游戏过程中所有孩子都统一采用这种步法前进。最后一名到达终点线的孩子，需要指定下一轮的步法。

2 和孩子一起观察动物的步伐，聊聊动物的步伐和它们的体态以及生存方式有什么关系。

想对您说 · Words to you

"跨大步"是一个经典的民间游戏，也是一个综合性和适用性很高的游戏。通过这个游戏，孩子可以很容易地认识到不同步法的区别，比如"跨大步"比"小步走"能更快地到达终点，"大跳"最费力气等。而面对统一的步法，制胜的关键取决于各人的身体条件，比如腿长的孩子步子跨得自然比腿短的孩子要大，因而会更快到达终点。

还有，同一段距离用同一种步法去完成的话，每次的步数基本上都是相同的，这会在孩子的头脑中建立起距离和步数的等量关系。这些发现需要孩子通过一次次地游戏，慢慢地去积累经验。

同时在这个游戏中，像"跨大步""小跳"这样的步法并没有严格的标准，每个人可以根据情况灵活地做出调整。因此，这对孩子的思维判断力和预估能力也起到了一定的发展和提高作用。